Alain Erlande-Brandenburg, ancien élève de l'Ecole nationale des Chartes, directeur d'études à l'Ecole pratique des Hautes Etudes, professeur d'histoire de l'art à l'Ecole des Chartes, est directeur des Archives de France. Il a été conservateur en chef du Musée national de la Renaissance, qu'il a contribué à créer, adjoint au directeur des Musées de France (1987-1991), et conservateur général du Musée national du Moyen Age. Parmi de nombreuses publications, d'audience internationale, on lui doit un ouvrage révélateur de la nouvelle conception de l'histoire de l'art : *La Cathédrale* (Fayard, 1989). Il est président de la Société française d'Archéologie.

A mes confrères de la Société française d'Archéologie avec qui, depuis vingt-cinq ans, j'ai découvert la grandeur et la beauté de l'architecture médiévale.
En communauté d'esprit.

Dépôt légal: décembre 1995
1er dépôt légal: septembre 1993
Numéro d'édition: 75343
ISBN: 2-07-053234-8
Imprimé en Italie par Editoriale Libraria

QUAND LES CATHÉDRALES ÉTAIENT PEINTES

Alain Erlande-Brandenburg

DÉCOUVERTES GALLIMARD
ARCHITECTURE

« Comme approchait la troisième année qui suivit l'an mil, on vit dans presque toute la terre, mais surtout en Italie et en Gaule, rénover les bâtiments des églises; une émulation poussait chaque communauté chrétienne à en avoir une plus somptueuse que celle des autres. C'était comme si le monde lui-même se fût secoué et, dépouillant sa vétusté, eût revêtu de toutes parts une blanche robe d'églises. »

Raoul Glaber, *Les Histoires*

CHAPITRE PREMIER
UN MONDE NOUVEAU

Les enlumineurs, fortement impressionnés par la technicité de la construction, ont cherché à montrer l'enchaînement des différentes actions, tâches humbles ou sophistiquées, dans des images de synthèse.

La fin du temps des pillages

Les incursions normandes se sont révélées beaucoup plus meurtrières et dramatiques que les invasions barbares du Ve siècle. Les assauts répétés de troupes admirablement organisées, remontant inlassablement les rivières et les fleuves, apportaient désolation et ravage. Sièges de villes et de monastères, tributs très lourds pour les lever, réduisaient à néant les efforts carolingiens de mise en ordre de l'empire. Le traité de Saint-Clair-sur-Epte, en 911, qui abandonna à ces hommes du Nord une terre qui prit bientôt le nom de Normandie, devait être déterminant dans l'histoire de l'Europe occidentale.

Les destructeurs devinrent des constructeurs, édifiant un état des plus modernes, avant de se lancer dans la conquête d'autres régions : l'Italie du Sud, l'Angleterre. Toute l'Europe en fut marquée; à compter de cette période, elle se lança dans une aventure exceptionnelle, qui prit dans le domaine de l'architecture une dimension dont aucune civilisation n'a offert un exemple aussi décisif.

L'élaboration de grandes barques à voiles et à rames, élégantes, stables, peu profondes, a donné aux Vikings une grande mobilité leur permettant de débarquer et de réaliser à cheval des raids rapides (en haut, à gauche).

L'explosion architecturale du Moyen Age

Certes, l'Egypte et Rome ont laissé des témoignages uniques, la première sur la longue durée; la seconde, ramassée dans le temps, mais étendue dans l'espace. Mais, chez l'une et l'autre, les grands travaux apparaissent comme «parachutés» et non issus d'une volonté générale.

Le monde occidental offre un panorama différent : la création n'est pas seulement du ressort du pouvoir politique; elle jaillit de tous les êtres, religieux comme politiques, seigneurs comme paysans. Elle concerne par là même tous les domaines : urbanistique, édilitaire, somptuaire et religieux; dans les villes comme dans les campagnes.

La ville médiévale, du fait d'une démographie galopante, dépasse l'enceinte de pierre, fixée d'abord comme limite de protection et d'expansion, au profit de bourgs, ou faubourgs, qui se créent autour de centres religieux, laissant de vastes surfaces encore rurales. Moulins (Allier), dans la seconde moitié du XVe siècle (ci-dessus), est exemplaire de cette évolution.

Dans un premier temps, les nouvelles constructions se coulent dans le moule forgé par les Romains mais elles le font rapidement éclater tant le corset était serré. Les murailles érigées au IVe siècle pour protéger les anciennes *urbes* définissent un périmètre intérieur trop étroit pour contenir une population en pleine expansion. Durant tout le Moyen Age, les modifications, les perfectionnements, les agrandissements furent incessants.

Un monde nouveau

Cette société, qui cherche à affirmer dans la pierre son propre destin, est traversée par un mouvement démographique unique dans l'histoire des populations. Certes, il est difficile de chiffrer ce

développement. On a émis l'hypothèse qu'entre le Xe et le XIVe siècle la population de l'Europe doubla. On a même précisé qu'elle était passée de 14 700 000 vers l'an 600 à 22 600 000 en 950 et 54 400 000 avant la grande peste de 1348 (Russell). Certains historiens ont avancé le chiffre de 73 millions au début du XIVe siècle.

Cet essor démographique se trouve étroitement lié à deux autres faits, eux-mêmes indissociables : l'avancée technologique du monde agricole et la poussée urbaine. La superficie des terres cultivées est considérablement étendue grâce à des défrichements intensifs qui atteignent leur point culminant dans la première moitié du XIIe siècle ; le rendement agricole, même s'il reste relativement faible par rapport au monde moderne, se multiplie alors par deux ou par trois, grâce à l'assolement triennal, la charrue dissymétrique et à versoir. Outillage plus perfectionné, collier de trait des chevaux et engrais expliquent cet essor qui n'est pas régulier. Les différences sont notables suivant les régions, suivant les propriétaires. Les meilleurs rendements sont alors obtenus dans les domaines des Cisterciens.

L'autre élément a été la ville, non plus la ville antique, l'*urbs,* dont la définition était avant tout d'ordre politique – elle participait de façon active aux rapprochements entre les peuples, à la fusion des conquérants et des conquis –, mais la ville médiévale qui relève d'une autre stratégie : elle est avant tout conviviale. Elle a pris son essor dans l'agglomération antique, fortement modifiée au IVe siècle lorsque Rome ordonna que la partie administrative fût protégée par une puissante muraille. D'*urbs* la ville devint *castrum*, participant à l'intérieur des terres à la protection du sol assurée à l'extérieur par le *limes*.

La figuration du monde rural est aussi synthétique que celle des chantiers de construction. On représente sous une seule image quatre actions séparées dans le temps : labourer, semer, couper, battre. Dans cette enluminure du début du XVe siècle, l'artiste a cherché la précision technique en distinguant dans la charrue la structure de bois des éléments en métal.

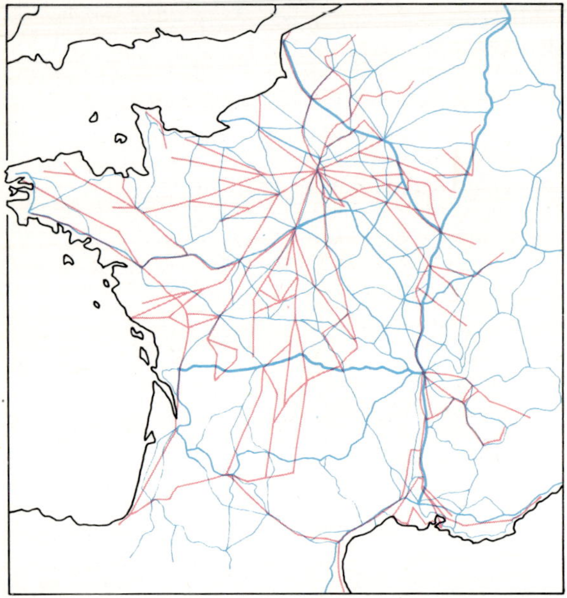

La juxtaposition sur une carte de France du réseau routier créé pour des raisons stratégiques par les Romains conquérants (en bleu) et de celui du XVIe siècle (en rouge) permet de saisir ce qu'a été la révolution des infrastructures du pays au cours du Moyen Age : créations de routes nouvelles, construction de ponts, percement de canaux et maîtrise des cours d'eau.

La ville médiévale

Elle abrite les bâtiments publics auxquels s'adjoint bientôt la cathédrale ; la plus importante partie de la population continue à résider à l'extérieur des murs. Au Xe siècle, ce *castrum* est déserté par le pouvoir civil comme par la population ; seul l'évêque continue à y résider, assurant la permanence et se souciant de la subsistance des rares habitants. A Beauvais,

les textes mentionnent la présence de cinquante ménages, environ trois cents personnes. Au cours du XIe siècle, ce panorama change. Des villes naissent ou renaissent à la suite de l'arrivée de populations que la terre n'arrive plus à nourrir, qui cherchent l'aventure, la richesse. Il va se créer entre celles-ci, venues d'horizons variés, un lien qui évoluera pour aboutir à une sorte de patriciat urbain.

La solidarité ainsi apparue tendra à faire de ces villes des centres actifs sur le plan économique et commercial. Le rapport ville-campagne s'inverse au profit de la première qui fait travailler la seconde. Les villes deviennent marchés, lieux de rencontre, et créent aussitôt un réseau de liens commerciaux entre elles. Il s'ensuit la création d'un réseau de communications par voie de terre ou par voie d'eau : des routes sont tracées, complétant les voies militaires romaines. Ce nouveau réseau se plie aux nécessités du commerce, à la réalité du terrain. En France, il converge vers Paris, qui est érigée alors en capitale du royaume. Quant aux voies d'eau, c'est l'aménagement de nombreux fleuves ou rivières jusqu'alors peu exploités, qui deviennent source de richesse.

A l'intérieur des remparts nouvellement construits, ou récupérés comme dans les arènes d'Arles (au centre), une vie se développe dans laquelle se mêlent les activités artisanales et rurales (ci-dessus). Il n'est pas rare de rencontrer, *intra muros,* des îlots ruraux, consacrés en particulier à l'élevage, qui assurent une subsistance permanente tout en cohabitant avec des activités urbaines. Dès le XVe siècle, la construction de pierre commence à s'imposer dans les maisons les plus nobles, comme chez les chevaliers des Arènes, à Arles.

La réforme grégorienne

Ce grand bouleversement d'ordre politique, territorial, urbanistique, s'accompagne d'un autre, d'ordre spirituel. L'Eglise, sous la pression de religieux et de laïcs, entreprend de se réformer. On a donné à ce mouvement le nom de grégorien par référence à Grégoire VII devenu pape en 1073. En fait, il lui est bien antérieur : la fondation en Bourgogne de l'abbaye de Cluny en 910 par Bernon en est le plus ancien témoignage, qui fit école à travers toute l'Europe chrétienne avant de conquérir celle qui ne l'était pas encore. La volonté est d'arracher l'Eglise au pouvoir des laïcs. Les conséquences sont gigantesques, touchant aussi bien les séculiers que les ordres réguliers. Pour ces derniers, elles aboutissent à la création de nouveaux ordres fondés sur l'affirmation de la vie apostolique, la pauvreté, la pénitence : Grandmont (1080), la Chartreuse (1084), Cîteaux (1098), Prémontré (1120).

Ainsi, l'Europe occidentale se transforme pour créer un monde moderne, plus juste, plus ambitieux, dans lequel chacun des êtres trouverait sa place, suivant une répartition en trois ordres : ceux qui

C'est au cours des IXe-XIIe siècles que se développe la technique du *stabbau*, c'est-à-dire la construction par éléments verticaux de planches, qui sont alors liées entre elles. Le mur est ainsi constitué d'éléments jointifs mais aussi assemblés. Cette technique s'est diversifiée en deux types par la présence ou non de poteaux dans les angles. Le mur sud de l'église de Greensted, dans l'Essex (à gauche), se rattache au premier groupe, le reste de l'édifice étant nettement postérieur. A l'intérieur, des poteaux supportent la charpente. Dès cette époque, ou peu après, les grands édifices étaient construits en pierre. Un dessin datant des années 1060 (ci-contre) représente la consécration d'une cathédrale anglo-saxonne qui pourrait être celle de Wells. Le dessinateur a pris soin d'indiquer que la partie inférieure des murs était construite en bel appareil de pierre dont les joints sont mis en évidence.

combattent, ceux qui prient, ceux qui travaillent. Ce qui s'annonce comme rupture par rapport à l'époque carolingienne s'appuie en effet sur une maîtrise technologique sans pareil. Elle trouve son expression la plus aboutie dans le domaine de l'architecture.

La dialectique pierre-bois

La société du XIe siècle se trouvait confrontée à de nouveaux besoins. Elle dut repenser l'architecture en fonction d'exigences jusqu'alors inconnues : d'ordre édilitaire avec le nouveau réseau routier qui nécessitait la création de nombreux ponts ; d'ordre militaire pour répondre aux luttes de hauts ou moyens seigneurs désireux d'assurer leur pouvoir et de l'amplifier ; d'ordre religieux pour mieux accueillir de nouveaux fidèles dans les cathédrales et les paroissiales, et pour mieux assurer la vie de prières, à l'écart du monde, des religieux dans des monastères nouveaux. En même temps, s'imposaient des goûts nouveaux pour le confort et la facilité de circulation. Jusqu'alors, la construction était de bois, à l'exception des monuments les plus significatifs comme les édifices de culte. Petit à petit, le bois fit place à la pierre suivant un rythme irrégulier, mais certain. Le maçon prit peu à peu la place du charpentier, dont le rôle se trouva de plus en plus réduit.

La motte féodale

Dans un premier temps s'impose la forteresse de terre et de bois dont le succès touche une grande partie de l'Europe. La réalisation de ces constructions n'exigeait guère de connaissances particulières : les terres provenant d'un fossé de plan circulaire étaient ramenées au centre pour former une motte plus ou moins haute, au diamètre plus ou moins important. Etait alors édifiée une «tour» de charpente. Les flancs pentus étaient protégés par

La dialectique pierre-bois prend sa pleine signification dans l'architecture dite militaire : la motte de terre, surmontée d'une construction de bois, est couronnée plus tard par une construction de pierre. Cette dernière, qui retrouve la tradition antique de la fortification en pierre, demeure cependant fidèle au parti médiéval original : plan carré, hauteur, percements rares. Ci-dessus, la motte d'Albon, dans la Drôme.

des plantes épineuses, les barbelés de l'époque. La sécurité n'était en fait guère assurée, comme l'indiquent, certaines scènes de la célèbre broderie de Bayeux, au XIe siècle : la mise à feu en était aisée grâce au lancement de projectiles enflammés.

La défense de pierre

Le développement de l'architecture résidentielle est un témoignage éclairant de la croissance de l'architecture de pierre. Il assure en outre que cette transformation technique est étroitement liée à la volonté d'une défense accrue. Aussi, dès le milieu du XIe siècle, les chroniqueurs signalent l'emploi de la maçonnerie, comme à Brionne, qui deviendra la règle au siècle suivant.

Néanmoins, les premiers châteaux conservent le plan rectangulaire des forteresses de bois. Le traditionalisme n'explique pas tout : ils étaient destinés à servir de résidence, à abriter la salle d'apparat (*aula*) et les pièces d'habitation ; leur forme s'imposait en même

La motte féodale, de construction aisée, appartient au paysage familier de l'Europe occidentale : elle devait en effet se distinguer de loin. La broderie de Bayeux (ci-contre), qui relate la conquête de l'Angleterre en 1066 par le duc Guillaume de Normandie, en offre plusieurs témoignages, en particulier dans l'épisode de l'attaque de la ville de Rennes ; pour accéder au sommet de la motte, il était indispensable de poser une échelle de bois. Le siège s'effectuait par encerclement concentrique (ci-dessus). Lorsque la tour était en bois, on tentait de l'incendier ; si elle était en pierre, on acculait les assiégés à la famine.

Le passage du bois à la pierre pour la construction des ponts n'est pas systématique. Construire un pont de bois est une opération qui peut être menée rapidement et qui fait appel à un nombre de spécialistes relativement réduit. Ce fut encore le cas lors de l'avancée des armées américaines débarquant en Europe en 1944.

temps que leurs dimensions, au sol et en hauteur.

Au milieu du XIIe siècle, lorsque le seigneur renonce à cette tour de bois pour bénéficier d'un *domicilium* plus confortable, elle prend une finalité uniquement défensive. Le plan rectangulaire est abandonné au profit du plan centré (Provins, Houdan, Etampes...). Les architectes de Philippe Auguste diffusent, à compter des années 1190, la tour de plan circulaire. Le bois avait alors presque entièrement disparu de la structure au profit de la seule maçonnerie : escaliers en vis ménagés dans l'épaisseur des murs, salles voûtées, superstructure en terrasse avec parfois, en encorbellement, un élément de bois pour assurer la surveillance des pieds du mur.

Les ponts, communications et exploits techniques

Ce passage du bois à la pierre se retrouve dans le domaine édilitaire. A l'époque carolingienne, à la différence du monde antique, les ponts étaient généralement construits en charpente. Le pont lancé par Eginhard, à la demande de Charlemagne, pour franchir le Rhin, était de bois. Lorsqu'il brûla en 813, on songea à le remplacer par une œuvre de pierre. Le projet fut abandonné à la suite de la mort de Charlemagne, et jamais repris. Les textes carolingiens sont nombreux qui mentionnent de tels ouvrages de bois, chargés de barrer les rivières et les fleuves empruntés par les embarcations des Vikings, en même temps qu'ils en facilitaient la traversée pour les civils et pour les hommes de troupe. Cette double fonction sera permanente durant la plus grande partie du Moyen Age.

Au cours du XIe siècle, pour faciliter le nouveau réseau commercial, de très nombreux ponts sont lancés, liant seigneurie à seigneurie. A Maguelonne, près de Montpellier, l'évêque Arnaud Ier, qui souhaitait désenclaver sa cathédrale, lança un pont de plus d'un kilomètre de long à travers les étangs. Tous ces ponts sont encore de bois.

Il est difficile de déterminer la date du premier pont de pierre. Il est d'ailleurs vraisemblable que les plus anciens ne comportaient que des piles de pierre et un tablier de bois, avant que l'ensemble ne fût de maçonnerie. Le tablier de bois, s'il était facile à construire, présentait certains inconvénients : sa conservation n'avait rien d'assuré, et il pouvait être emporté lors d'une grande crue; de plus il se prêtait mal à une

Un précieux dessin de Villard de Honnecourt, au XIIIe siècle, montre un pont de 17 m de long, vraisemblablement pour franchir une rivière de montagne. Ce défi était rendu possible grâce à un tablier de bois reposant sur des culées de pierre.

Le pont de pierre se veut définitif. Il exige par là même une technique maîtrisée pour assurer solidité, résistance, tirant d'eau et tirant d'air. Le pont du Gour-Noir (ci-contre), qui enjambe l'Hérault à Saint-Jean-de-Fos, a été lancé pour relier entre elles les abbayes de Gellone et d'Aniane, vers les années 1030 : il présente le petit appareil caractéristique de cette période, et offre déjà des arcs à double rouleau, ainsi que des ouïes latérales.

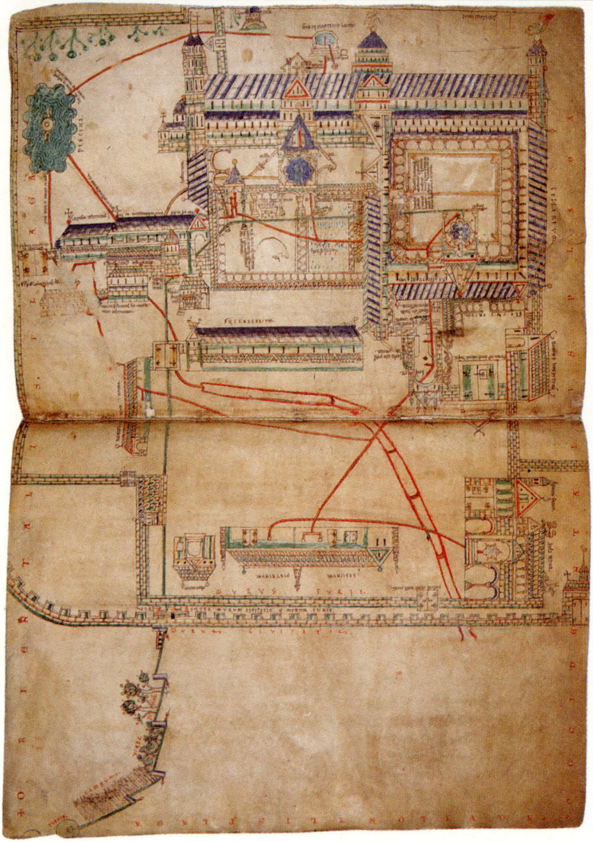

Les architectes du Moyen Age ont été confrontés à une nécessité : réunir un nombre important d'êtres humains sur un espace réduit et assurer leur subsistance. Au début du IXe siècle, un plan non coté de reconstruction de l'abbaye de Saint-Gall, en Suisse (ci-dessous), relève un défi délicat :

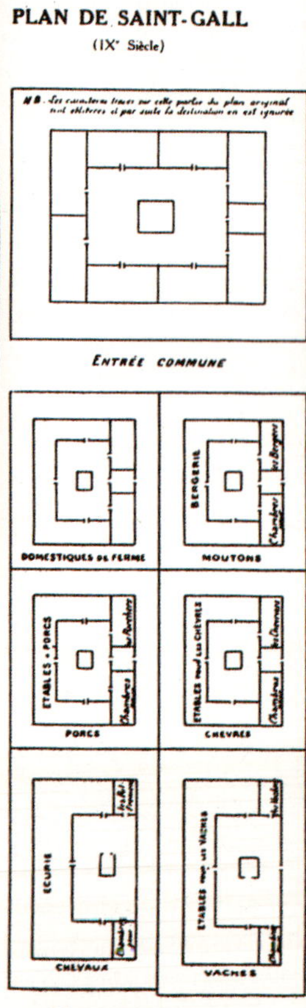

circulation intense. Il ne fait aucun doute que les architectes se sont inspirés de modèles romains dont il subsistait alors de nombreux exemples. A la fin du XIIIe siècle, les ponts sont généralement maçonnés, les piles admirablement fondées, les tirants d'air et d'eau parfaitement calculés. On ajoute même, pour faire face aux crues exceptionnelles, des orifices – les ouïes – ménagés dans la partie haute pour laisser passer le fleuve. Le pont Valentré à Cahors, le pont Saint-Bénézet à Avignon mettent en évidence le souci des constructeurs, devant ce danger nouveau que les tabliers de bois permettaient d'éviter, car ils étaient généralement emportés par les eaux.

L'architecture monastique

Dans l'architecture monastique, l'église a toujours été édifiée en pierre, même si l'on se contentait d'une charpente sur la nef. Le fameux plan de Saint-Gall, qui matérialise par un dessin la disposition idéale d'un monastère au début du IXe siècle, présente des bâtiments annexes en bois avec une abbatiale de pierre. Au XIe siècle, on assiste déjà à la

organiser et concilier la vie matérielle et la vie spirituelle. Le concepteur s'appuie sur le schéma antique des *insulae*, centré ici sur l'église. Vers les années 1150-1160, on cherche à résoudre le problème de la circulation de l'eau forcée dans l'abbaye de Canterbury (à gauche).

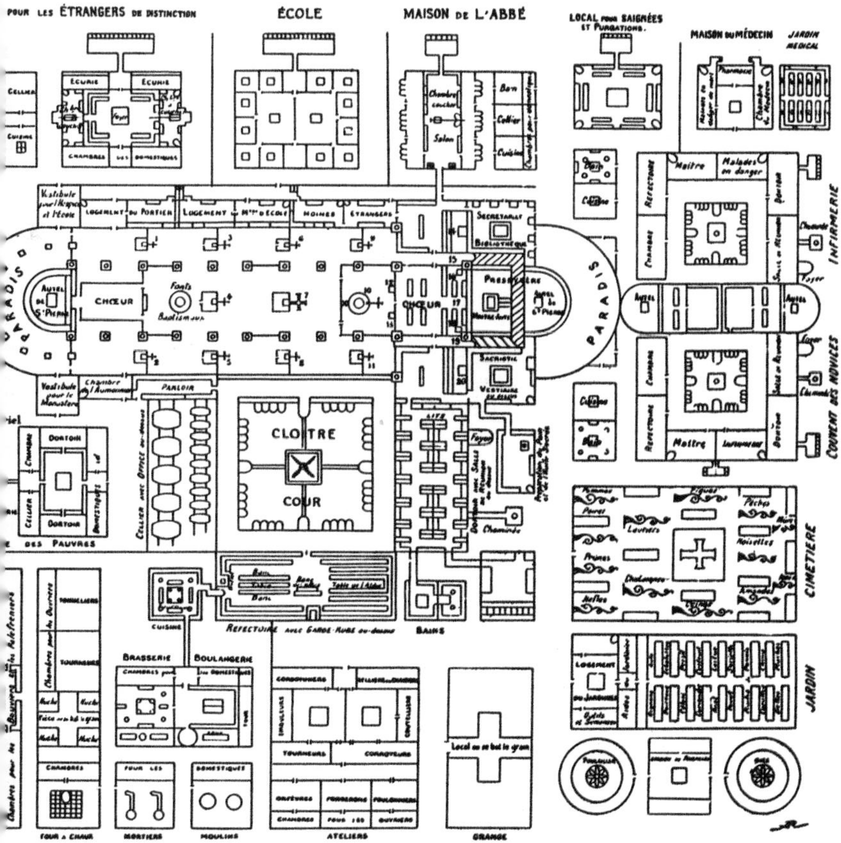

construction de bâtiments annexes en pierre, comme les fameuses écuries de Saint-Hugues (1049-1109), à Cluny (Saône-et-Loire). C'est au cours du XIIe siècle que les bâtiments monastiques furent construits entièrement de pierre, l'évolution se faisant des nobles aux moins nobles.

Les granges cisterciennes des XIIe et XIIIe siècles sont révélatrices de cette généralisation. Ces vastes volumes sont conçus avec une enveloppe de pierre, séparés en plusieurs vaisseaux, soit par des poteaux de bois (Froidemont), soit par des colonnes de pierre (Maubuisson).

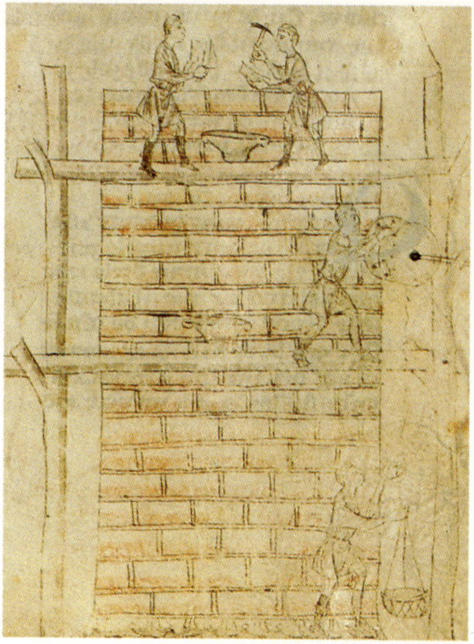

Des architectes se sont spécialisés dans la construction de fortifications, facilitée par des échafaudages de bois très simples.

Des villes en expansion, de nouvelles fortifications

Le dernier trait touche à l'architecture urbaine. Au XVe siècle, la formule la plus habituelle pour les maisons d'habitation est un soubassement de pierre et des étages de charpente, mais dès avant cette date, on trouve dans certaines villes des façades entièrement maçonnées. Cluny en offre au XIIe siècle un ensemble impressionnant, de même que Provins, dans la ville haute, et Viviers. C'est d'ailleurs au cours de cette période que l'on voit s'édifier autour des villes les plus importantes de nouvelles murailles

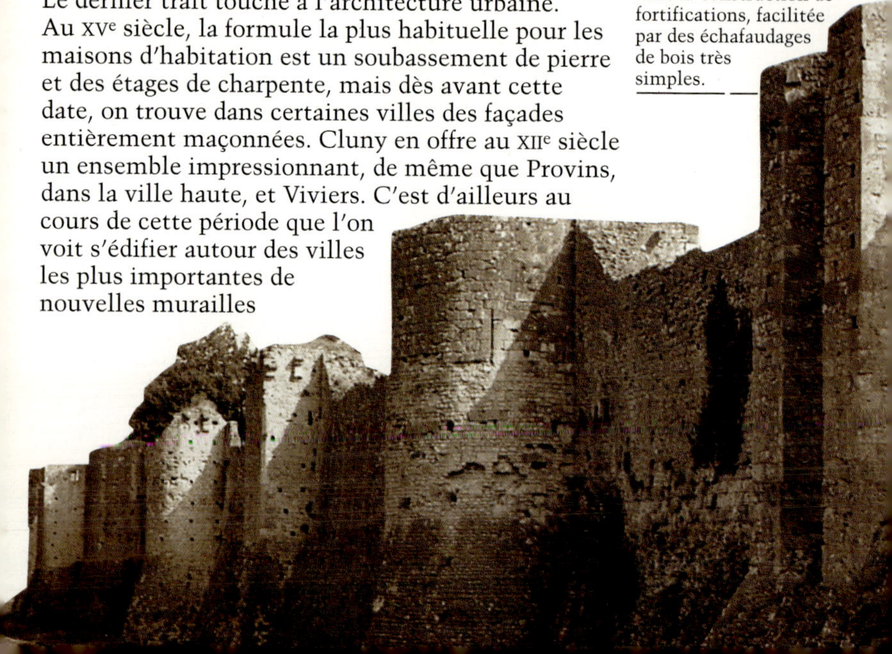

particulièrement amples. La muraille antique se révèle trop exiguë pour contenir une population en pleine expansion. Parfois même, il s'agit de réunir dans un seul ensemble urbain l'ancienne cité, le bourg à proximité et différents îlots (Toulouse, Arras, Limoges, Paris...). Là encore, la pierre succède aux fortifications de bois. On en trouve un témoignage en 1137, lorsque Eudes III réalise à Dijon une enceinte de 2 630 mètres de long. Mais c'est Paris qui sert de référence. Philippe Auguste fait édifier sur la rive droite d'abord (1190), sur la rive gauche ensuite (1210), une enceinte qui englobe 253 hectares.

Toutes ces enceintes étaient admirablement maçonnées. A compter de cette époque, villes grandes, moyennes ou petites s'entourent de remparts dont la finalité n'est pas seulement d'ordre protecteur. Ils unifient des îlots éclatés en même temps qu'ils

L'enceinte de pierre de la ville haute de Provins subsiste presque sur tout son périmètre, se pliant aux mouvements du terrain, scandée par des tours semi-circulaires ou polygonales chargées d'appuyer la défense. Un haut glacis protégeait de la sape les fondations des murailles.

permettent de promouvoir un patriotisme urbain. Très rapidement, certains d'entre eux se trouvent dépassés, nécessitant la construction d'une nouvelle enceinte beaucoup plus développée. C'est ainsi que Charles V édifie en 1364, sur la seule rive droite de Paris – le quartier commerçant et riche – un mur destiné à englober 439 hectares. Il en fait ainsi la ville la plus peuplée d'Europe.

La construction de pierre

La pierre ne s'est pas imposée sans difficultés. Elles sont de tous ordres : le coût en est plus élevé ; la technique exige la présence d'hommes de l'art ;

La ville de la fin du Moyen Age est la juxtaposition de plusieurs ensembles urbains réunis grâce à une enceinte dont la portée est plus psychologique que défensive. Elle doit créer, à partir de ces ensembles au départ disparates, une communauté nouvelle. L'enceinte de Reims (au centre) réunit deux villes : la cité antique (à gauche autour de la cathédrale) et le bourg Saint-Remi (à droite autour de l'abbaye). A Prague (plan à droite), ce sont trois ensembles qui se trouvent ainsi groupés : le palais isolé sur une rive, la ville et la nouvelle ville de Charles IV ; le pont Charles (à gauche) les relie.

il faut trouver le matériau et le transporter ; la mise en œuvre nécessite une technologie plus élaborée. A ces difficultés inhérentes s'ajoute le goût tôt manifesté pour les constructions gigantesques.

L'exemple de Prague, même s'il est exceptionnel, permet de juger de l'ambition d'un souverain qui cherche à faire de la capitale de son royaume, la Bohême, celle du Saint-Empire.

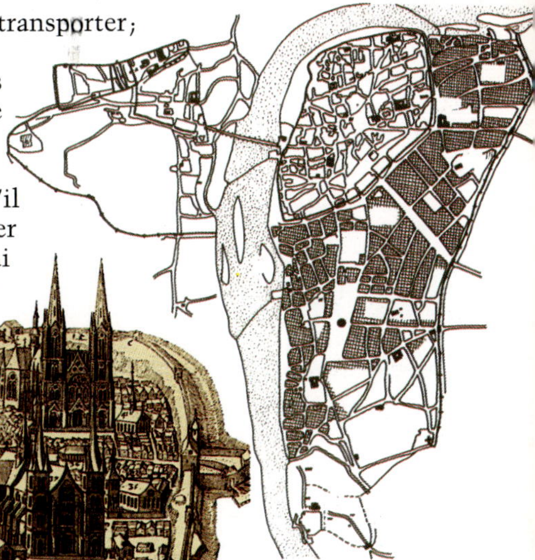

Il s'agit en effet de faire basculer vers l'est le centre politique d'un ensemble peu homogène. Dès 1348, l'empereur Charles IV fonde sur la rive droite de la Moldau une ville neuve qui vient entourer en demi-cercle l'ancienne ville. Il ménage d'immenses rues dont certaines atteignent 25 mètres de large. Il fait construire surtout mille six cent cinquante maisons, toutes de pierre. L'ensemble est enfermé dans une enceinte de 3 500 mètres. Ceci ne suffit pas pour créer une ville : il fonde quinze églises paroissiales pour répondre aux besoins d'une population de 85 000 habitants. Il établit un immense marché, un hôtel de ville. Ce qui retient l'attention, dans cette région centrale de l'Europe, c'est la volonté de construire uniquement en pierre : elle était exceptionnelle comme est exceptionnelle la nouvelle cathédrale dessinée par un architecte français, Mathieu d'Arras.

Explosion des villes dans leurs dimensions et éclatement des cathédrales vers le gigantisme sont liés. Pour ces dernières, il se marque au sol par une occupation de plus en plus importante. Les hautes tours – civiles et religieuses – qui scandent la silhouette de la cité en deviennent les emblèmes.

Les motivations de l'empereur Charles IV sont du même ordre que celles du président Kubitschek lorsqu'il lance en 1957 la construction d'une nouvelle capitale pour le Brésil, Brasilia, en faisant appel à l'un des grands architectes de l'époque : Oscar Niemeyer.

Le gigantisme des cathédrales

Ce gigantisme qui évoque les grands projets urbanistiques modernes ne concerne pas uniquement la ville, mais nombre de monuments. Dès l'époque gothique, une cathédrale de moins de 100 mètres de long n'est guère concevable. S'y ajoutent les hauteurs qui deviennent vertigineuses, pour atteindre, à Beauvais, près de 47 m sous voûte et, à Strasbourg, 142 m pour la flèche.

Ce goût pour la grandeur touche également certaines églises paroissiales, si vastes que certaines sont devenues cathédrales : Fribourg-en-Brisgau. Partout en Europe, les églises affichent la même ambition : Ulm dans l'Empire, Sainte-Marie de la Mer à Barcelone, construite par les armateurs et les marchands qui cherchent à rivaliser avec les plus grands édifices de l'époque et en confient le projet en 1328 à Bérenger de Montagut. Il en va de même pour les abbatiales cisterciennes : Foigny, avec ses 98 mètres et Vaucelles, avec ses 132 mètres. Le plan de certains monastères apparaît aussi vaste que celui d'une ville; ainsi Fontevrault, avec ses quatre monastères, conçus comme des quartiers : le Grandmoutier, la Madeleine, Saint-Lazare, Saint-Jean. Ici encore, l'architecture édilitaire ne le cède en rien : le pont Charles qui traverse la Moldau à Prague atteint 513 mètres.

Diversité et diffusion

Il est difficile d'évaluer aujourd'hui ce qu'a représenté cette activité architecturale du Moyen Age. Quantité de monuments ont disparu, dont certains depuis longtemps. Les restes, pourtant éloquents, de l'architecture de défense ne sont que les épaves d'une réalité extraordinaire dont témoignent pour partie textes et documents graphiques. La France est représentative de cette richesse : l'ensemble du territoire national est couvert de bâtiments

La construction de pierre permettait de réaliser le rêve humain de dresser toujours plus haut les bâtiments. Le mythe de Babel en est le témoignage le plus communément illustré au Moyen Age. Dans un dessin de Van Eyck (page de gauche), c'est la tour, symbole de sainte Barbe, qui sert de prétexte pour figurer un chantier de tailleurs de pierre. La réalité gothique porte témoignage de cette volonté de développement dont l'audace se marque à chaque génération dans la hauteur des voûtes d'ogives des vaisseaux centraux des cathédrales, tout en trouvant des solutions techniques nouvelles : 24 m à Laon conçue autour des années 1160, 37 m à Chartres en 1194, 46,77 m à Beauvais en 1225 (en bas, de gauche à droite).

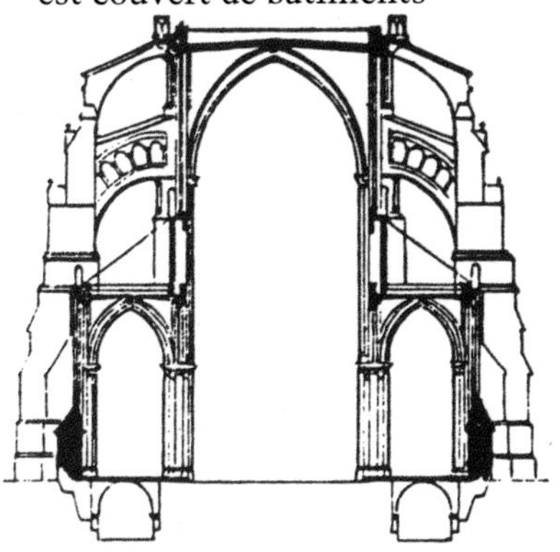

importants dont certains sont déterminants dans l'histoire de l'architecture. On est encore loin de ce resserrement sur le centre de la France, puis sur Paris et son proche environnement, que l'on connaîtra à partir du XVIe siècle.

La «France profonde» a conservé une grande partie de son panorama médiéval, dans l'architecture, mais aussi dans le plan des villages. Certains auteurs, impressionnés par cette richesse, n'ont pas hésité à tirer les conclusions qui s'imposent : «En l'espace de trois siècles, de 1050 à 1350, la France a extrait plusieurs millions de tonnes de pierre pour édifier quatre-vingts cathédrales, cinq cents grandes églises et quelques dizaines de milliers d'églises paroissiales.

Les ensembles urbains s'adaptent à la réalité du sol dont les plans modernes, par un aplatissement général, n'expriment guère la variété. Au XVe siècle, dans l'armorial de Guillaume Revel, au contraire, le dessinateur a bien saisi la signification du mouvement de terrain ; la tour de Montaigut-le-Blanc, dans le Puy-de-Dôme (ci-dessous), trouve ici sa vraie signification : elle domine.

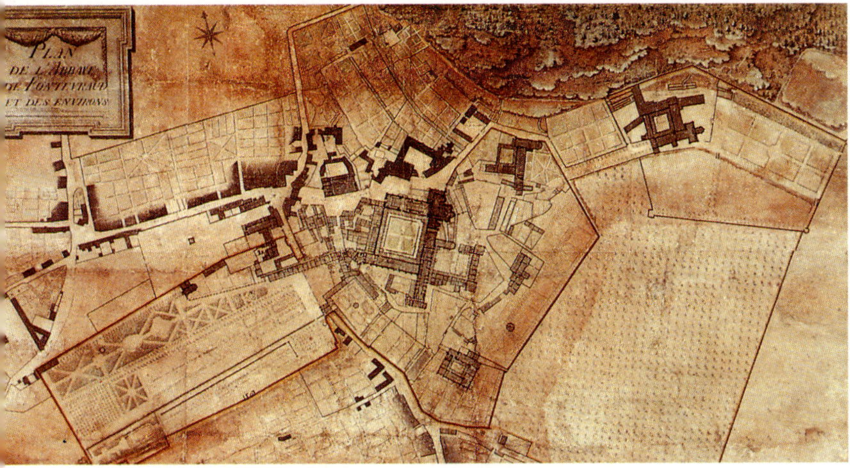

La France a charrié plus de pierres en trois siècles que l'ancienne Egypte en n'importe quelle période de son histoire – bien que la Grande Pyramide, à elle seule, ait eu un volume de 2 500 000 mètres cubes.» Ce texte de Jean Gimpel, extrait des *Bâtisseurs de cathédrales* (1959), n'a rien perdu de son actualité. L'histoire renouvelée de l'architecture médiévale a pris depuis en compte, outre l'architecture religieuse, l'architecture civile, militaire, édilitaire. Le panorama s'en est trouvé considérablement enrichi.

Les enlumineurs du Moyen Age ont cherché, grâce à des perspectives étagées, à rendre les nuances de la topographie (en haut, à gauche). A l'opposé, l'architecte du XVIIIe siècle qui a levé le plan des bâtiments de l'abbaye de Fontevrault (ci-dessus) ne s'intéresse plus qu'au rapport de l'occupation au sol. L'essentiel lui échappe.

«Il n'y aura jamais de construction noble si l'architecte est ignoble.» C'est en ces termes que, dans un formulaire de la seconde moitié du XIIe siècle, le roi, s'adressant à un abbé pour lui demander un architecte, définit la nature de ce dernier. Intellectuel à la formation approfondie, homme de «science», maître de la construction, l'architecte n'est en effet en aucun cas un simple exécutant qui devrait sa compétence à l'expérience du chantier.

CHAPITRE II
L'ARCHITECTE

Hugues Libergier, architecte de Saint-Nicaise à Reims (mort en 1263), a été représenté sur une pierre gravée, tenant la maquette de l'édifice et revêtu d'habits qui soulignent sa haute condition sociale. La baguette, l'équerre et le compas sont les seules indications de sa profession.

L'activité architecturale a pris à compter du XIe siècle une signification particulière si on la compare à l'époque précédente : elle était alors d'origine aulique. Le souverain, roi ou empereur, avait été le principal artisan de la commande architecturale. Cette période du Moyen Age qui va se poursuivre jusqu'à l'aube de la Renaissance est celle de la diversité des commanditaires. Ainsi s'expliquent l'extraordinaire richesse, mais aussi la non moins extraordinaire variété. Certes, le souverain continuera à se montrer actif, mais dans son propre domaine : palatial, défensif ; certains n'hésitent pas à aller au-delà, construisant ou réaménageant des villes comme, au XIVe siècle, l'empereur Charles IV à Prague, le roi Charles V à Paris. Cette action est alors relayée par des religieux, évêques, abbés ou chanoines ; par des laïcs, seigneurs, collectivités, villes ou associations. Le nombre de maîtres d'ouvrage se trouve considérablement amplifié.

Le rapport entre le maître d'ouvrage et le maître d'œuvre s'établit sur la confiance. Les dessinateurs ne s'y sont pas trompés et les représentent sur un pied d'égalité. Dans ce dessin du XIIIe siècle (en haut) : le roi anglo-saxon de Mercie (757-790) s'entretient avec son architecte lors de la construction de Saint-Alban.

Le commanditaire et la naissance du projet

En même temps, le rapport noué entre maître d'ouvrage et maître d'œuvre se renouvelle, au bénéfice d'une action plus concertée, car plus délicate à mettre en œuvre ; au bénéfice d'un intense investissement personnel des uns et des autres pour monter des opérations ambitieuses, délicates.

Comme il se doit, dans le domaine de la création architecturale, le commanditaire est décisif : il est à l'origine du projet ; il doit faire face à son

Dans un vitrail de la chapelle de Saint-Germer-de-Fly, l'abbé Pierre de Wessencourt dialogue avec son architecte, en présence des tailleurs de pierre et des terrassiers (ci-dessus). Au centre, le peintre qui illustre, au XVe siècle, l'ouvrage célèbre de Pierre de Crescens, *Ruralium commodorum,* montre comment édifier une maison des champs sous la double autorité du maître d'ouvrage et du maître d'œuvre.

financement. Il choisit l'architecte et assure le suivi des travaux. Sa disparition provoque généralement un drame sur le chantier : arrêt ou ralentissement des travaux, modification du projet initial. La mort de l'abbé Suger, en 1151, arrête aussitôt la reconstruction de l'abbatiale de Saint-Denis, qui ne sera reprise que près d'un siècle plus tard en 1231, selon un parti complètement différent. Comme aujourd'hui, l'ouverture de grands chantiers est liée à la présence d'hommes extraordinaires, visionnaires, hors du commun, dont l'ambition a parfois provoqué des réactions négatives assez violentes fondées sur le «réalisme» de ceux qui analysent les besoins financiers de ces entreprises. Sur chacune d'entre elles, plane l'ombre d'hommes d'exception ; des évêques : Fulbert à Chartres au début du XIe siècle ; Maurice de Sully, à Paris, en 1160 ; des abbés : Guillaume de Volpiano, au début du XIe siècle, à Saint-Benigne de Dijon, à Notre-Dame de Bernay ; des souverains : Philippe Auguste, au XIIe siècle ; Frédéric II au XIIIe siècle ; des grands seigneurs : Foulque Nerra ; des communautés urbaines : Florence, Milan, Sienne... Sans leur volonté, les cathédrales, les châteaux, les hôtels de ville, les ponts n'auraient jamais vu le jour. Leur construction est œuvre pie, indispensable à la vie de la société, à son épanouissement, à son bonheur. Elle participe aussi à la force du pouvoir que l'on veut exercer. Eudes, comte de Blois, ordonne, en 1033, la construction d'un pont pour franchir la Loire à Blois. Cette même année, le chapitre de la cathédrale d'Albi est contraint de lancer un pont, mais obtient, en contrepartie, d'en être le seigneur. En 1251, ce sont les consuls de Cahors qui lancent la construction du Pont-Neuf et, en 1306, celle du Pont Valentré. En Italie, les communes de Florence, Orvieto, Sienne sont les promoteurs de leurs cathédrales respectives. Ailleurs, un seigneur, souhaitant se racheter, fonde un hôpital. Cette diversité d'origine des maîtres d'ouvrages explique nombre de difficultés.

Le rapport entre maître d'ouvrage et maître d'œuvre était établi sur la base d'un texte clair et précis. Les contrats sont courants au XIIIe siècle. Pour engager l'architecte Hans Hammer von Werde, en 1486, sur le chantier de la cathédrale de Strasbourg, il est rédigé un texte sur parchemin (ci-dessous), sur lequel sont appendus cinq sceaux : celui de la fabrique (l'œuvre Notre-Dame), et ceux du chevalier Hans Rudolf von Endingen, de l'*Altammeister* Peter Schott, de l'administrateur André Haxmacher, du receveur de l'œuvre

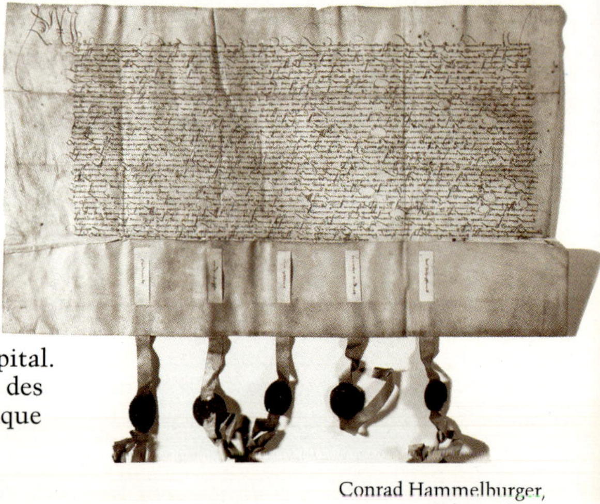

Conrad Hammelburger, tous quatre signataires du contrat. On doit entre autres à Hans Hammer le dessin de la chaire de la cathédrale.

L'enjeu monumental

La réalisation de la façade de la cathédrale de Strasbourg connaît de nombreux changements de parti, liés à la tension permanente entre l'évêque et la ville, que le contrat de 1263 ne suffit pas à apaiser.

Le premier projet est remis en cause, comme bien d'autres tout au long des XIIIe et XIVe siècles. La ville n'admettait pas d'être écartée de ce chantier emblématique. A Sienne, c'est la population qui se mêle de la construction de la nouvelle cathédrale, d'où changements de parti, hésitations dont le monument porte témoignage. A Milan, le conseil de la Fabrique passe de cent cinq personnes en 1387, à près de trois cents en 1401, rendant difficile toute prise de décision. Ce processus de démocratisation, qui s'est amorcé dès le premier tiers du XIIIe siècle dans la construction des cathédrales, est généralement lié aux difficultés financières, aplanies par un consensus général.

La construction de la cathédrale de Reims (ci-dessous), a certainement donné lieu à des contrats qui ne nous sont pas parvenus. La façade a été entreprise après 1255, par un architecte qui a profondément modifié le projet originel au profit d'une élévation adaptée au style du temps.

Le maître d'ouvrage n'est pas toujours un homme. Ici, c'est Berthe, femme de Girart de Roussillon, qui donne les ordres, agissant également comme maître d'œuvre lors de la construction de la Madeleine à Vézelay (à gauche). Cette enluminure, réalisée entre 1448 et 1465, montre la loge des tailleurs de pierre à proximité du chantier et les murs en attente dont les pierres sont protégées du gel par de la paille.

Individuel, communautaire, associatif, le maître d'ouvrage est chargé d'«inventer» l'architecte, après lui avoir, de façon plus ou moins précise, fixé son projet. A la fin du Xᵉ et au début du XIᵉ siècle, il s'est trouvé généralement confronté à une dure réalité : l'absence de professionnels capables de répondre à son ambition. La grande architecture ne peut être le fait d'hommes dont la formation est réduite au seul terrain. Alors qu'à l'époque carolingienne il existait des architectes formés, il ne s'en trouve plus car la construction ambitieuse a disparu : il faut réapprendre.

Ainsi s'explique le rôle privilégié de nombre de maîtres d'ouvrage contraints de faire fonction de maître d'œuvre pour réaliser leur vaste projet. Ils ont forcé le destin, imposant à tous de se dépasser. Il s'agit de religieux, évêques ou abbés, c'est-à-dire des intellectuels familiers de la culture antique, connaissant les monuments avec lesquels ils cherchent à rivaliser. Ils s'en servent comme référence pour eux-mêmes, et pour les architectes qu'ils veulent convaincre. Certes, le panorama architectural était alors très différent de celui qui subsiste aujourd'hui : nombre de grands monuments antiques existaient encore, datant du Haut-Empire ou même de l'Antiquité tardive.

«Le Temple que le roi Salomon bâtit pour Yahvé avait 60 coudées de long, 20 de large, et 25 de haut... Salomon le construisit en sept ans» (Premier Livre des Rois, 2). Pour réaliser cette œuvre gigantesque, le roi Salomon (ci-dessous) aurait levé 30 000 hommes de corvée, 70 000 porteurs, 90 000 carriers dans la montagne, 3 300 responsables enfin. L'architecte de Bourges (à droite) cherche-t-il à rivaliser avec une telle entreprise ?

Ils assuraient, par leur présence et leur résistance au temps, la légitimité de l'audace.

Les hommes d'Eglise

Guillaume de Volpiano, Gauzlin, Morard, mais bien d'autres... ont été de puissants stimulants, actifs, présents, sur les chantiers. Les documents concernant Gauzlin à Saint-Benoît-sur-Loire, qui le montrent après l'incendie dévastateur de 1026, sont éloquents : il ordonne que l'on bâtisse une tour, mais de pierre qu'il fait transporter du Nivernais par voie d'eau. Par ses exigences, il soulève des difficultés mais les résout. Ce sont d'ailleurs ces commanditaires qui imposent la construction en pierres taillées pour être posées à joints vifs, et non plus en pierres cassées au marteau dont nombre de constructeurs se contentaient. C'est ainsi qu'à Auxerre, en 1023, le chroniqueur s'extasie devant ces *quadris lapidibus*. Ce sont ces mêmes personnages qui renouvellent le plan des édifices, avec entre autres le déambulatoire à chapelles rayonnantes dans les cathédrales de Rouen, de Chartres et d'Auxerre... parti qui va bientôt s'étendre à l'ensemble de l'architecture religieuse.

En Angleterre, après la conquête par le duc de Normandie, Guillaume, des intellectuels prennent les choses en main, comme Gondulph qui devient évêque de Rochester en 1077. Il y est dit «très savant et efficace dans le travail du bâtisseur». Le nouveau roi lui confie la construction de la

Sublimation d'un grand maître d'ouvrage par un artiste de la fin du XVe siècle qui veut montrer le rôle essentiel d'un maître d'ouvrage ambitieux qui a su trouver des architectes de grand talent. Guillaume de Wykeham (1324-1404), évêque de Winchester, fondateur de New College, à Oxford, et de Winchester College, a imposé le nouveau style dans les constructions dont il était responsable.

cathédrale de Rochester, le monastère destiné à soixante moines et bien d'autres œuvres.

Au XIIe siècle encore, l'archevêque de Tours, Hildebert (1125-1133), mesure les fondations, donne les dimensions du palais, mais, entre-temps, la profession d'architecte s'est sans doute organisée. L'on fait désormais appel à de véritables professionnels, les religieux se cantonnant dans l'administration du chantier, comme Raymond Gayrard, à Saint-Sernin de Toulouse.

Le moine André de Mici a reproduit de façon plus ou moins précise la nouvelle cathédrale de Chartres dont l'évêque Fulbert de Chartres (1007-1028) avait entrepris la construction, terminée sous son successeur Thierry en 1037. Elle a depuis été remplacée par l'édifice gothique mais la crypte subsiste. On reconnaît dans la partie supérieure de l'enluminure la façade (à gauche) et le chevet (à droite), séparés par une longue nef à bas-côtés et vaisseau central.

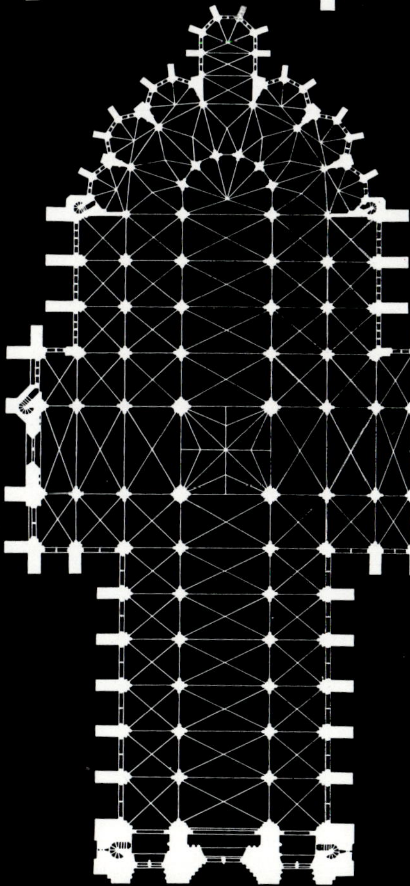

Le Parthénon français

Viollet-le-Duc voyait dans la cathédrale d'Amiens l'église gothique par excellence. Elle est l'édifice médiéval achevé le plus vaste avec 133 m de longueur en œuvre, 145 m hors œuvre, une surface au sol de 7 700 m^2 et un volume intérieur de 200 000 m^3. L'œuvre a été initiée par l'évêque Evrard de Fouilloy (1211-1222), qui s'adressa en 1220 au maître d'œuvre Robert de Luzarches. La pose du labyrinthe, en 1288, en marque l'achèvement. Prélats et architectes s'étaient succédé : Geoffroy d'Eu (1222-1236), Arnoul de la Pierre (1236-1247), Gérard de Conchy (1247-1257), Aleaume de Neuilly (1258-1264), Bernard d'Abbeville (1264-1278), Guillaume de Mâcon (1278-1308) pour les premiers ; Thomas de Cormont et son fils Renaud pour les seconds.

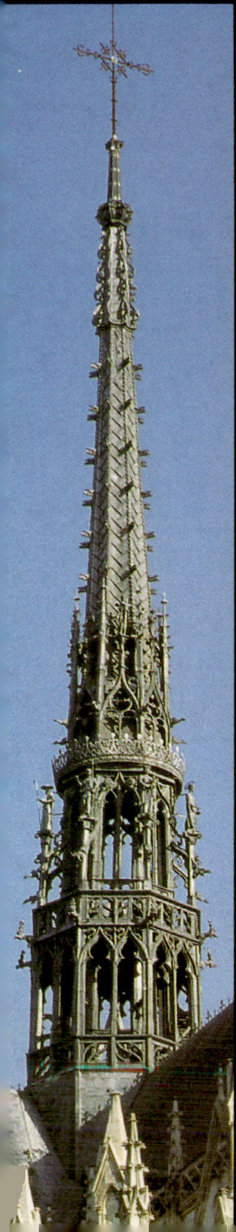

La gloire de la Vierge

A l'immense ensemble de pierre de la cathédrale d'Amiens s'ajoute un décor sculpté impressionnant, entièrement conservé à l'extérieur, partiellement à l'intérieur depuis la disparition du jubé. Il est avant tout centré sur la Vierge, à qui la cathédrale était dédiée C'est la façade qui a reçu le traitement le plus abondant avec, au centre, le portail du Jugement dernier, encadré au sud par celui de la Mère-Dieu, au nord par celui de saint Firmin. Aux statues des piédroits, au tympan et aux voussures s'ajoutent les médaillons sculptés et les douze petits prophètes accrochés sur la face des contreforts, la galerie des rois de Juda, ancêtres de la Vierge et donc du Christ. Sur le bras sud du transept, la statue de la Vierge dorée occupe le trumeau du portail, alors que les piédroits du tympan sont consacrés à saint Honoré, premier évêque d'Amiens.

Il faut dire que la tâche n'est pas mince et exige des compétences particulières. Les Cisterciens acquièrent une certaine réputation dans ce domaine, comme ce Raoul à Saint-Jouin de Marnes qui finit par en devenir l'abbé ; ou comme le propre frère de saint Bernard, Achard, maître des novices, qui prend en charge la construction de plusieurs monastères, dont celui de Himmerod, en Rhénanie, en 1134. Geoffroy d'Aignay est, quant à lui, envoyé en Angleterre, à Fountains ; et Robert, en Irlande. On connaît même l'exemple d'un moine de La Trinité de Vendôme, Jean, prêté par son abbé à l'évêque du Mans, Hildebert de Lavardin (1096-1126) : il refusa de réintégrer son monastère.

Ci-dessus, l'abbaye cistercienne de Schönau, en Allemagne, est en cours de construction.

Trait dominant du XIIe siècle : le professionnalisme. Les Cisterciens, par souci d'économie et de rentabilité, ont joué dans ce domaine un rôle moteur. A la différence des Clunisiens, plus préoccupés de vie intellectuelle, ils considèrent le travail manuel comme une prière. Le manuscrit des *Moralia in Job* de Grégoire le Grand, écrit et peint à Cîteaux en 1111 à l'instigation de l'abbé Etienne Harding, se veut un manifeste par la valorisation des différents travaux réalisés par les moines, ici les bûcherons (en bas, à gauche). Dès le début du XIVe siècle, les Cisterciens ont imposé l'image de leur monastère, répandue à la fin du XVe siècle par la gravure sur bois. Ci-dessus, saint Robert de Molesmes, saint Aubin, saint Etienne Harding présentent au pape la maquette de Cîteaux. Le monastère est figuré à la partie inférieure, protégé par une enceinte de bois.

L'architecte moderne

Les chantiers devenant de plus en plus complexes à conduire, la spécialisation des fonctions s'impose. C'est au cours de la seconde moitié du XIe siècle que l'architecte moderne s'affirme, c'est-à-dire celui qui, à la demande d'un maître d'ouvrage, élabore le projet, le dessine et le réalise. On n'hésite pas à cette époque à citer son nom, comme ce Gautier de Coorland, choisi par Emma, reine d'Angleterre et femme de Guillaume, pour reconstruire Saint-Hilaire, à Poitiers.

Les architectes de la génération suivante, c'est-à-dire du dernier tiers du XIe siècle, osèrent se lancer dans des entreprises plus audacieuses encore, à la demande du maître d'ouvrage. Jusqu'alors, les édifices aux vaisseaux particulièrement

larges étaient charpentés (Jumièges, les abbayes de Caen) – Saint-Martin du Canigou était voûté, mais sa largeur n'excédait pas 3,50 mètres. Au cours de cette période, on se mit à lancer des voûtes sur des vaisseaux de 8 mètres de large, pour une hauteur de 21 mètres, comme à Saint-Sernin de Toulouse. En même temps, et à la différence de l'architecture antique, ces voûtes lourdes reposent sur des supports réduits : le défi était double et il y eut quelques accidents comme l'effondrement d'une voûte à Cluny, en 1120, mais l'abbatiale avait d'abord été prévue pour être charpentée. On comprend la fascination qu'ont dû exercer sur leurs contemporains ces hommes capables de bouleverser les données traditionnelles du bâtiment. De nombreux écrits l'attestent.

Saint-Jacques-de-Compostelle est fille du pèlerinage qui a drainé vers elle les foules de fidèles qui voulaient honorer le corps du saint apôtre du Christ, découvert miraculeusement à l'époque de Charlemagne. Aussitôt, le roi Alphonse II le Chaste fit dresser un édifice de culte autour duquel la ville se développa (ci-dessus). En 1183, la cathédrale fut renouvelée par maître Mathieu qui construisit le célèbre porche de la Gloire (ci-contre). Au trumeau, saint Jacques assis, accompagné des apôtres et des prophètes ; au-dessus, le Christ du Jugement dernier.

L'histoire témoigne

L'auteur du *Guide du pèlerin de Saint-Jacques*, qui écrivait vers 1139, a pris soin de mentionner le concepteur de la cathédrale de Compostelle : «Les maîtres lapicides qui entreprirent la construction du bienheureux Jacques s'appelaient Bernard le Vieux – c'était un maître génial – et Robert, avec l'aide d'autres lapicides au nombre de cinquante environ, ils travaillaient sous la direction de don Segeredo, vicaire et maître du chapitre et de l'abbé Gundesindo.» La décision de reconstruire avait été prise dès 1077, les travaux commencèrent le 11 juillet 1078. L'organisation du chantier montre les difficultés rencontrées dans un pays où l'on ne s'était jamais lancé dans une entreprise d'une telle envergure. Nous ignorons tout de ce Bernard le Vieux, on a pu récemment prétendre qu'il avait auparavant réalisé des ponts. On a généralement avancé que sa formation était française, en raison du plan adopté de l'autre côté des Pyrénées.
Il ne vint pas seul, mais avec cinquante lapicides capables de tailler des pierres, et non plus de

Un précieux manuscrit du XIIIe siècle nous offre une image de la confrontation entre maître d'œuvre et maître d'ouvrage. L'architecte, Maître Ferrandi (Pedro Fernández), présente à Alphonse VIII et à sa femme Aliénor, assis tous deux, la façade du château d'Uclés, que le roi donnera en 1170-1175 aux chevaliers de Saint-Jacques.

les casser au marteau, comme c'était généralement le cas dans la région. Robert faisait sans doute office d'architecte de chantier, don Segeredo et Gundesindo étaient chargés, quant à eux, de l'administration du chantier. Pour mener une telle opération, il avait fallu adapter les méthodes qui avaient fait leurs preuves ailleurs.

Au XIIe siècle, les mentions d'architectes deviennent plus fréquentes ; en même temps, les comparaisons plus flatteuses. Garin, architecte de Verdun (après 1131), est dit plus savant que ses collègues et comparé à Hyram de Tyr, constructeur du Temple de Salomon. Leur réputation est telle qu'elle force la jalousie. La comtesse de Bayonne n'hésite pas à faire décapiter l'architecte qui venait de construire une tour à Pithiviers, de peur qu'il ne renouvelle un pareil exploit.

La première architecture gothique

Faut-il ainsi expliquer l'anonymat général dans lequel disparaissent tous les architectes de la première période de l'art gothique ? Le trop grand renom qu'ils s'étaient attirés pouvait nuire au maître d'ouvrage. Le cas de l'abbé Suger est frappant à cet égard. Il s'est appliqué à rapporter dans le moindre détail ce qu'a été la reconstruction de son abbatiale, tout en prenant soin de taire le nom de son architecte. Cherchait-il à attirer sur lui-même le mérite de la construction révolutionnaire de ce chœur qui devait inaugurer une nouvelle formule ? Ce silence ressortissait d'une volonté délibérée. Rien ne devait réduire sa propre gloire qu'il amplifiait encore par le nombre impressionnant de ses figurations. Or à cette époque, le statut de l'architecte est parfaitement admis. En 1175, l'évêque et les chanoines, pour achever la cathédrale d'Urgell, signent avec Raymond le Lombard

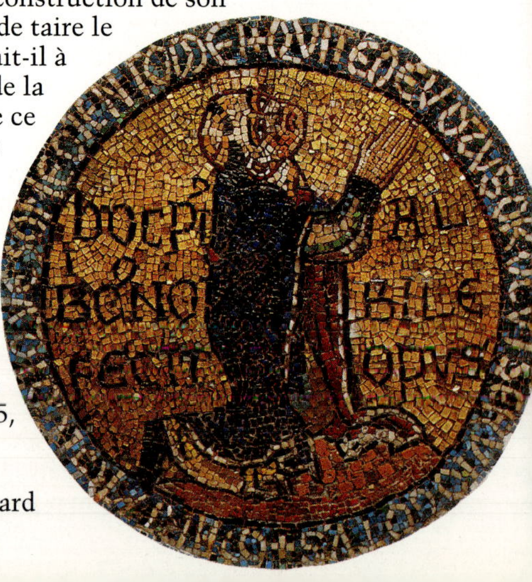

L'abbé Suger a été un maître d'ouvrage actif lors de la reconstruction de l'abbatiale carolingienne de Saint-Denis. La mort, en 1151, l'empêcha de mener à bien cette vaste entreprise. La nef destinée à relier le massif occidental à l'abside est restée inachevée. Fier de son œuvre, il n'hésita pas à se faire représenter, en vitrail dans l'abside, en mosaïque dans une des chapelles (ci-dessous), en sculpture au portail central, aux pieds du Christ, chaque fois dans une attitude de profonde modestie. La basilique allait bouleverser la tradition romane aussi bien en sculpture qu'en architecture : le déambulatoire (à droite) est un véritable manifeste.

un contrat : celui-ci s'engage avec quatre autres Lombards à terminer l'œuvre en l'espace de sept ans; il s'agit de voûter l'édifice, de monter des clochers et de bâtir une coupole.

A compter de cette période, la reconnaissance dont les professionnels sont entourés entraîne la rédaction d'un acte écrit. Le phénomène ne touche pas seulement l'architecture religieuse, mais également celle de défense. Lorsque Robert III Gateblé, comte de Dreux, souhaite construire un château (Danemarche), il passe marché en octobre 1224 avec maître Nicolas, de Beaumont-le-Roger. Il y indique de façon très précise que l'architecte doit s'inspirer de la tour de Nogent : elle doit se dresser à 35 mètres de haut avec un diamètre de 25 mètres pour un prix forfaitaire de 1 175 livres parisis,

le maître d'ouvrage se contentant de fournir la pierre, le sable, la chaux et l'eau. La responsabilité de l'architecte est donc totale, puisqu'il lui revient dans ce cas de payer les ouvriers.

Une âpre concurrence

Le maître d'ouvrage n'hésitait pas à mettre les architectes en concurrence. Le cas de Canterbury en fournit une illustration exemplaire, après l'incendie qui ravagea la cathédrale en 1174. Devant ce drame épouvantable, les religieux firent appel à plusieurs architectes, certains insulaires, d'autres originaires d'Ile-de-France. Ils en attendaient un diagnostic précis avant de retenir l'un d'entre eux. Leur choix se porta sur Guillaume de Sens, qui les avait impressionnés par la qualité de son analyse, faisant un partage clair entre ce qui devait être obligatoirement détruit, et ce qui pouvait être conservé sans danger. Retenu, il se mit aussitôt à l'ouvrage avant qu'une chute malencontreuse ne l'obligeât à s'aliter, puis à rentrer au pays. Son successeur Guillaume l'Anglais poursuivit l'œuvre, respectant le projet initial. Celui-ci relevait de la nouvelle esthétique d'Ile-de-France, que les religieux acceptèrent.

Ainsi fut édifié en terre anglaise le premier monument gothique. Il devait rester longtemps isolé, tant il paraissait incongru dans un pays qui restait attaché à la tradition romane.

En Angleterre, l'apparition du gothique, élaboré en Ile-de-France, n'est pas due au hasard mais au choix, pour la construction de Canterbury (à gauche et ci-dessous), d'un architecte d'origine française, Guillaume de Sens. Certes on ignore tout de lui avant son arrivée sur l'île, mais il devait déjà avoir acquis une très forte expérience qui séduisit les religieux. Il était expert et savait construire dans un style qui apparut révolutionnaire.

Les architectes spécialisés

Des corps d'architectes spécialisés se mettent en place. Mais la formule ne durera qu'une génération, tant elle est liée aux événements politiques, c'est-à-dire à la lutte sans merci que se livrent Capétiens et Plantagenêts pour la maîtrise de la France. Dans ce domaine comme bien d'autres, l'initiative revient à ces derniers, dont Henri II (1154-1189) qui, pour assurer des conquêtes fragiles, décide de fortifier les places conquises. Les *Papers Rolls* font mention d'*ingeniatores*, certains étant vraisemblablement anglais comme Alnoth ; d'autres, les plus nombreux, français : Roger Engonet, Richard, Maurice le Maçon, Raoul de Gramont. C'est à eux que l'on doit Douvres, Gisors et beaucoup de constructions nouvelles.

Philippe Auguste (1180-1223) reprend cette politique à laquelle il donne un développement beaucoup plus important. Entre 1189 et 1206, seize architectes, aux compétences précises, mettent en défense le royaume par la réalisation de forteresses liées aux villes reconquises. Le roi a même créé un conseil qu'il préside, chargé de lui faire des propositions. Il s'agit pour le souverain d'aller vite, au coût le plus serré. A Paris, l'enceinte de la rive droite, protégée à l'ouest par la Tour du Louvre, est réalisée en 1190 ; elle compte vingt tours circulaires réalisées suivant un même modèle : d'une hauteur de 31 mètres et d'un diamètre de 15 mètres. Nombre de villes se trouvent protégées par une muraille inspirée de celle de

Les architectes anglais conçoivent de vastes ensembles constitués d'une série d'enceintes et de bâtiments chargés de se défendre mutuellement et à finalité uniquement militaire. Les architectes de Philippe Auguste, quant à eux, imaginent une construction de pierre aisée à défendre et solide, étroitement liée à la ville. La tour ronde dont le modèle est celle du Louvre (1190), et qui se retrouve dans une vingtaine de villes, prenait par là-même valeur emblématique : elle était symbole du pouvoir capétien. De la Grosse Tour de Bourges (en bas, à gauche), relevaient tous les fiefs du Berry, comme de la tour du Louvre tous les fiefs du royaume de France.

Paris, avec des murs admirablement construits, des tours régulièrement espacées, des portes réduites en nombre. Les architectes recrutés pour cette vaste opération ont chacun leur spécialité : certains aménagent les fossés ; onze d'entre eux, appelés «maîtres» (*magistri*) dans les documents, disposent d'une responsabilité prééminente. De même, Arnoul II, comte de Guines, qui souhaite construire un château à Ardres, fait appel à un géomètre, maître Simon, et lui demande de s'inspirer de la défense de pierre de Saint-Omer.

Douvres (ci-dessus) est l'un des exemples de forteresses anglaises que l'on retrouve aussi dans le Château-Gaillard du roi Henri III Plantagenêt, près de Rouen.

La rose occidentale de Reims prend place dans un tympan, entièrement ajouré, qui amplifie considérablement l'introduction de la lumière. Le gable (à droite) n'est pas moins audacieux, il porte cependant le groupe du Couronnement de la Vierge.

Le statut des grands architectes du XIIIe siècle

Le changement est radical au début du XIIIe siècle : l'architecte ne peut plus faire face à de telles responsabilités. Il revient à l'administration d'élaborer une cellule financière afin de répondre sans tarder aux demandes du chantier, d'éviter toute rupture d'approvisionnement et de pouvoir payer régulièrement des ouvriers. L'architecte acquiert, par la libération de ces tâches, un statut original : il échappe à la hiérarchie médiévale.

Documents et représentations mettent en évidence cette situation privilégiée et hégémonique

qui en exaspérera plus d'un. Nicolas de Biard, dans un sermon célèbre prononcé en 1261, marque son énervement : «Dans ces grands édifices, il a accoutumé d'y avoir un maître principal qui les ordonne seulement par la parole et n'y met que rarement ou n'y met jamais la main, et cependant il reçoit des salaires plus considérables que les autres. Les maîtres maçons, ayant en main la baguette et les gants, disent aux autres : Par ci me le taille et ils ne travaillent point et cependant ils reçoivent une plus grande récompense.» Ce genre de critique est de tout temps adressé à des hommes dont le génie entraîne grande commande et aisance financière.

Une architecture «rayonnante»

Cette position remarquable est liée à un nouveau moment de l'architecture gothique inauguré en 1231 lors de la reconstruction de l'abbatiale de Saint-Denis. On lui a donné le nom évocateur de «rayonnant» par référence à ces roses devenues le complément obligé de tout monument religieux. Les contemporains en retinrent l'origine en l'appelant *opus francigenum*. Cet art se répandit aussitôt en

L'architecte du XIIIe siècle a fasciné ses contemporains qui voyaient s'élever des monuments d'une rare délicatesse. On saisit pourquoi on l'a souvent représenté, sur les pierres tombales, dessinant des formes élaborées, comme sur cette sépulture anonyme du milieu du XIIIe siècle (à gauche) qui se trouve à Saint-Ouen de Rouen.

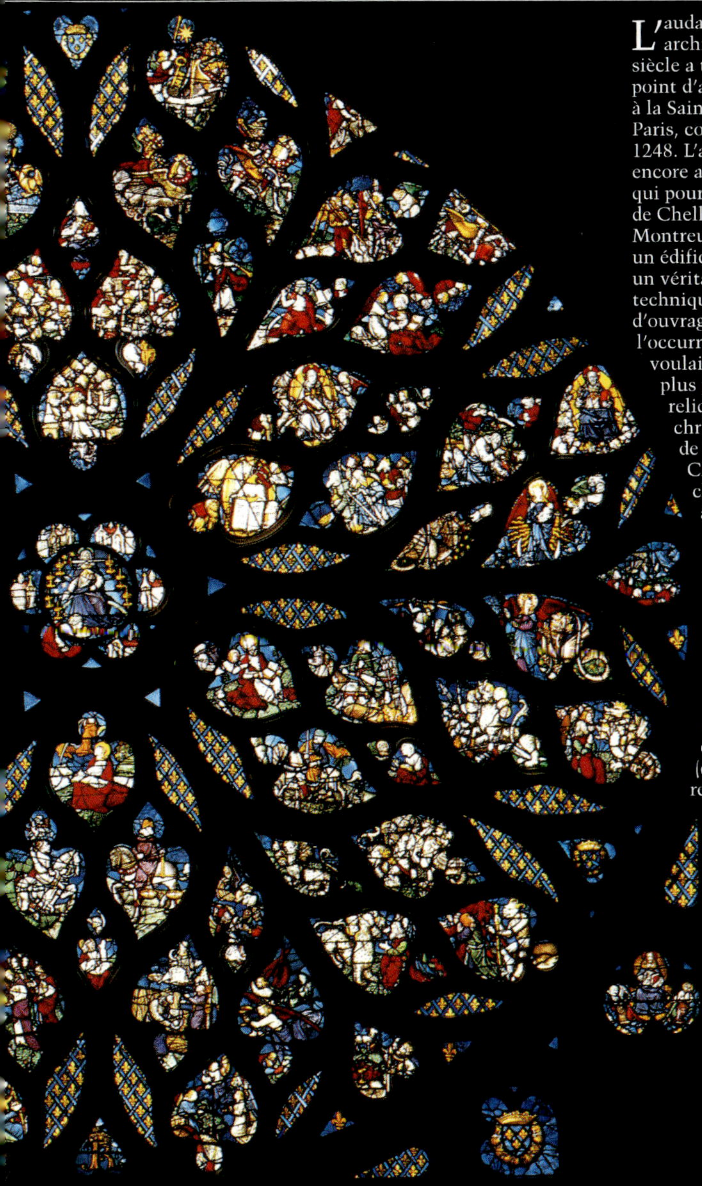

L'audace des architectes du XIIIe siècle a trouvé son point d'aboutissement à la Sainte-Chapelle de Paris, consacrée en 1248. L'architecte encore anonyme, mais qui pourrait être Jean de Chelles ou Pierre de Montreuil, a dressé un édifice qui se révèle un véritable défi à la technique. Le maître d'ouvrage, en l'occurrence le roi, voulait abriter les plus précieuses reliques de la chrétienté, celles de la passion du Christ, dans une chapelle qui soit à la fois palatiale et reliquaire. L'architecte a conçu l'édifice comme une châsse avec 613 m^2 de vitraux. La rose occidentale (ci-contre) a été reprise dans la dernière décennie du XVe siècle, sous Charles VIII, dans un style très différent de celui du XIIIe siècle, mais dans une magie colorée tout aussi forte.

Europe occidentale : dans l'Empire, avec la nef de Strasbourg : en Angleterre, avec Westminter; en Italie, avec Assise; en Suède avec Upsala, mais aussi bien au-delà des mers à Chypre, avec Famagouste.

On comprend que les contemporains frappés par cette conception architecturale, qui faisait triompher les vides sur les pleins et inondait ainsi l'édifice de lumière, aient retenu le nom de ces magiciens créateurs. Certains d'entre eux sont devenus aussi célèbres que les grands personnages de l'histoire : Jean de Chelles, Pierre de Montreuil, Robert de Coucy, Peter Parler, et tant d'autres. Juste hommage d'une société éblouie.

L'abbé de Saint-Ouen de Rouen, Jean Roussel, posa en 1318 la première pierre d'une nouvelle abbatiale (ci-dessus), rêvant comme tant d'autres de réaliser sur terre la «Jérusalem céleste». Il en trouva les moyens financiers, mais aussi intellectuels, en faisant appel à un architecte susceptible de donner forme à cette volonté.

Hommages dans la pierre : signatures et sépultures

A Notre-Dame de Paris, à la demande de l'évêque, Pierre de Montreuil inscrivit en belles lettres gothiques le nom de son prédécesseur, Jean de Chelles, qui avait posé la première pierre du bras sud du transept le 11 février 1258, avant de disparaître. A la fin du XIIIe siècle, on prend l'habitude de graver les noms des architectes dans des labyrinthes. Leur mise en place tardive – à Reims à la fin du siècle, à Amiens en 1288 – explique les erreurs et oublis de ces inscriptions. A Amiens, on a pris soin de préciser l'ordre de succession : Robert de Luzarches, Thomas de Cormont et son fils Renaud, et d'associer à leur représentation celle de l'évêque décideur, Evrard de Fouilloy. A Reims, Aubry de Humbert, l'archevêque, occupait la place centrale, entouré des maîtres d'œuvre : Jean d'Orbais, Jean le Loup, Gaucher de Reims, Bernard de Soissons. On n'hésite pas dans d'autres cas à leur décerner des titres qui mettent en lumière non plus leur capacité technique, mais bien leur valeur intellectuelle. Pierre de Montreuil, à qui les religieux de Saint-Germain-des-Prés ont voulu rendre un vibrant hommage, est enterré, au côté de son épouse, dans la chapelle de la Vierge qu'il avait construite. Il est honoré du titre universitaire de *doctor lathomorum*, c'est-à-dire «docteur ès pierres».

L'usage devient fréquent de sépultures honorifiques d'architectes à l'intérieur des édifices. Des dalles posées sur les tombes, parfois rendues illisibles par l'usure des pas des fidèles, rappellent le souvenir des plus célèbres : Hugues Libergier, à Saint-Nicaise de Reims ; Alexandre et Colin de Berneval, à Saint-Ouen de Rouen. Leur figuration évoque le statut social atteint : ils sont habillés comme de grands seigneurs, identifiables par les instruments de leur profession : compas, baguette, parfois même maquette de l'édifice construit.

La volonté de mémoire, affirmée pendant les deux siècles de la construction de Saint-Ouen, trouve son illustration dans la plaque tombale de deux architectes, père et fils, qui se sont succédé au XVe siècle (page de gauche). «Ci gist maistre Alixandre de Berneval, maistre des œuvres de machonnerie du roy nostre sire au baillage de Rouen et de ceste église, qui trépassa l'an de grâce mil CCCCXL, le Ve jour de janvier. Priez pour l'âme de luy.» Dressée par Colin, le fils, dès la mort de son père, elle ne comporte pas sa propre inscription.

Le labyrinthe de la cathédrale de Reims (ci-dessus) associe maître d'ouvrage et maîtres d'œuvre.

Images sur parchemin

Eternisés dans la pierre, les architectes le sont également dans nombre de manuscrits qui évoquent le chantier. C'est leur fonction, et leur relation étroite avec le maître d'ouvrage qui sont cette fois évoquées. Ce dernier donne les ordres aussitôt transmis aux ouvriers. L'analyse de ces images souligne à l'évidence le rapport dialectique qui s'établit entre le maître d'ouvrage et le maître d'œuvre, alors même que ce dernier acquiert une nouvelle importance.

L'exemple de Prague en témoigne. L'empereur Charles IV ayant décidé

de doter la capitale de la Bohême d'une cathédrale à la dimension de sa politique fit appel à un architecte français pour en élaborer le plan et le réaliser (1344-1352). Accidenté au cours d'un rendez-vous de chantier, Mathieu d'Arras fut remplacé par un autre architecte en 1354, d'origine germanique, Peter Parler, qui bouleversa de façon substantielle le projet de son prédécesseur au profit d'une conception germanique. Charles IV n'hésita pas à associer dans un même hommage figuré les deux artistes, les faisant représenter en buste dans le triforium de l'édifice.

La cathédrale Saint-Guy de Prague est exemplaire de la conception médiévale, s'agissant de la construction. Pour l'empereur Charles IV (ci-dessus), il s'agit de réaliser une œuvre exemplaire qui soit politique – Prague, capitale de l'empire –, seigneuriale – la cathédrale est située dans le palais des ducs de Bohême –, artistique – il fait appel à un architecte français, Mathieu d'Arras (en bas, à gauche). La disparition de ce dernier, l'évolution politique, la nouvelle conception stylistique le conduisent à chercher un nouvel architecte, Peter Parler (ci-contre). Néanmoins, l'unité est conservée dans la technique, et dans la mémoire par l'association des deux bustes sculptés des architectes.

L'intimité du prince

En France, à cette même époque, les relations sont très différentes et s'établissent sur un lien qui cherche à devenir familial. Raymond du Temple, qui avait réalisé en 1364 à la demande de Charles V la Grande Vis, l'escalier monumental du Louvre, entre dans l'intimité du souverain. Celui-ci accepte d'être le parrain de son fils Charlot, à qui il fait don en 1376 de 220 florins d'or «pour contemplation des bons et agréables services que notre ami, sergent et maçon, Raymond du Temple, nous a fait et nous fait encore de jour en jour et espérons qu'il nous fera au temps à venir, et pour tenir et gouverner notre filleul à l'étude à Orléans où il est escolier de présent, et pour lui acheter des livres et autres choses nécessaires». Cette intimité entre créateur et commanditaire va se retrouver tout au long de la seconde moitié du XIVe siècle et au début du XVe siècle, dans les cours princières, françaises et étrangères, qui développent un art prestigieux : à Dijon comme à Bourges, à Londres comme à Milan.

L'indépendance de l'architecte

Le rôle reconnu et affirmé des architectes devait avoir des incidences inquiétantes pour le maître d'ouvrage. Les plus célèbres n'hésitaient pas à

La Tour de Beurre de la cathédrale de Rouen (à gauche) est la cause d'un conflit entre les chanoines et l'architecte. Une consultation d'experts, réunis pour trancher le débat, demeure sans résultat. Jacques Le Roux finit par démissionner le 27 janvier 1508 au profit de son neveu, Rolland Le Roux, et c'est finalement une tour sans flèche qui est élevée, selon la volonté du maître d'ouvrage.

prendre une certaine liberté avec leur chantier. L'absentéisme devenait de règle, conséquence du nombre des entreprises qu'ils dirigaient, certaines fort loin. Aussi assiste-t-on à l'évolution de la rédaction des contrats : ils étaient certes financièrement intéressants, mais devinrent très contraignants.

Le plus ancien exemple est celui qui, en 1253, lie les religieux de Meaux et l'architecte Gautier de Varinfroy : il toucherait 10 livres par an durant la durée du chantier, et 10 sous par jour de présence. En contrepartie, il s'engage à ne pas accepter de propositions en dehors du diocèse sans une autorisation expresse ; il ne pourra pas quitter Meaux pendant plus de deux mois, ni se rendre sur le chantier d'Evreux, qu'il dirigeait, ou sur tout autre chantier du diocèse, sans autorisation du chapitre. Il est enfin tenu de résider sur place. Le contrat de 1261 entre l'abbé de Saint-Gilles du Gard et l'architecte Martin de Lonay, habitant Pasquières (Gard), n'est pas moins ferme : il touchera 2 sous tournois par jour à condition de travailler avant midi ; ses frais de nourriture font l'objet d'une négociation particulièrement laborieuse ; il touchera en outre 100 sous tournois à la Pentecôte pour ses frais de vêtement. En contrepartie, il s'engage à résider à Saint-Gilles, de la Saint-Michel à la Pentecôte. On ne trouve aucune interdiction de travailler ailleurs ; mais en avait-il la possibilité ? Lorsque Jacques de Fauran est engagé en 1312 sur le chantier de Gérone, le contrat stipule la somme versée – 1 000 sous barcelonais, à condition qu'il s'y rende tous les deux mois – mais ne mentionne plus l'interdiction de diriger d'autres chantiers.

De la propriété artistique

On assiste à une méfiance de plus en plus marquée entre architectes et maîtres d'ouvrage. A Toul, le chapitre exige en 1381 de Pierre Perrat qu'il renonce à la propriété des «moles», c'est-à-dire des gabarits de bois servant à réaliser profils et modénatures dans la pierre.

C'est la première fois que se trouve posée la question toujours délicate de la propriété artistique, résolue encore au profit du maître d'ouvrage. Un peu plus tard, par convention du 9 mai 1460, l'architecte Hattonchâtel cède le dessin de la façade de la cathédrale de Toul, laissant au chapitre une liberté totale pour son exécution.

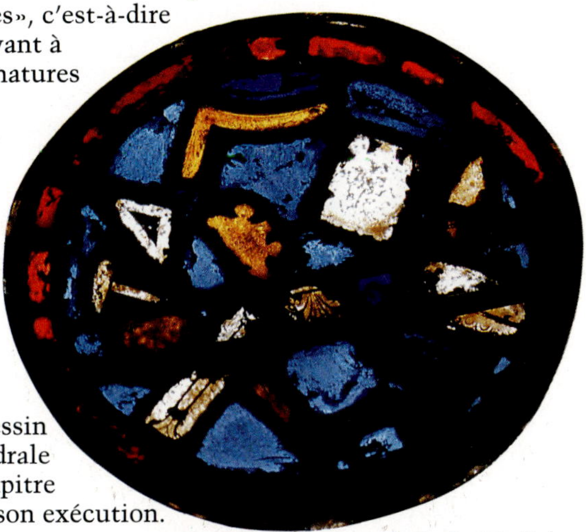

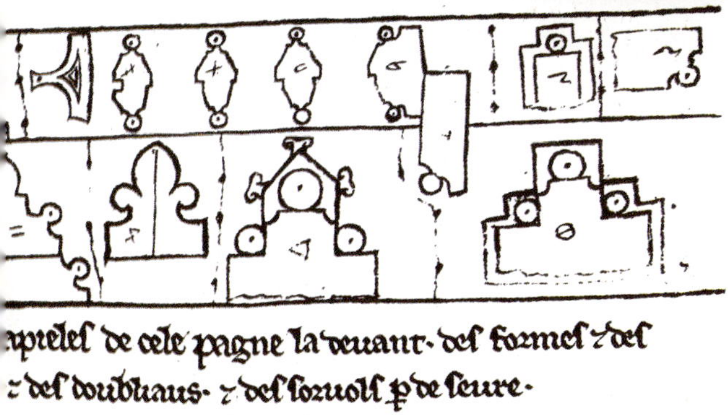

On comprend que des conflits aient pu naître, comme à Rouen, à la fin du XVe siècle, entre le chapitre et l'architecte Jacques Le Roux, lors de la construction de la fameuse Tour de Beurre de la cathédrale : les chanoines souhaitent une terrasse, mais l'architecte, qui n'a pas eu le dernier mot, veut imposer une flèche.

A la fin du XVe siècle, le rapport entre les partenaires n'est plus le même. L'équilibre trouvé au XIIIe siècle est remis en cause par des personnalités très fortes, trop fortes. L'affirmation de la technique avait été illustrée dans le vitrail, comme à Chartres, et dans le dessin, par Villard de Honnecourt (ci-contre) : les tailleurs de pierre avaient marqué un point très important quand gabarits et outils furent représentés. Leur rôle s'amenuise pour disparaître complètement, laissant un vaste champ libre entre maîtres d'ouvrage et maîtres d'œuvre.

« Si un maître a accepté la construction d'un ouvrage et qu'il en a établi le dessin tel que l'œuvre doit être exécutée, il ne doit pas modifier ce tracé primitif. Mais il doit exécuter l'ouvrage selon le plan qu'il aura présenté aux seigneurs, villes ou pays afin que l'œuvre ne soit pas diminuée ou dépréciée. »

Statut des tailleurs de pierre de Strasbourg,
article 10, 1459

CHAPITRE III
LES MOYENS D'EXPRESSION

Le dessin a été et est pour l'architecte le meilleur moyen de se faire comprendre du maître d'ouvrage et du chantier. Les rares dessins qui subsistent sont d'une qualité remarquable, et mettent en évidence une volonté de mise en place de la sculpture relevée de couleurs.

Les responsabilités qui incombent à l'architecte, le projet et la conduite du chantier, exigent des compétences particulières. Pour le premier point, il s'agit de convaincre le maître d'ouvrage, d'éviter les mouvements d'humeur qui remettraient en cause le projet et donc son homogénéité ; pour le second, de se faire comprendre des différentes personnes qui forment le chantier, une mauvaise interprétation risquant de dénaturer le projet. Dans la construction de pierre, l'architecte doit produire deux sortes de documents, les uns destinés au maître d'ouvrage pour lui permettre de visualiser le résultat final, les autres aux différents corps de métier. L'époque classique a ajouté les esquisses qui montrent le chemin tâtonnant parcouru avant la solution définitive. Il est vraisemblable qu'il en existait au Moyen Age, malgré le silence des textes et bien qu'aucune n'ait été conservée. Il faut attendre le XIIIe siècle pour voir apparaître les documents graphiques. On en a conclu que l'architecte médiéval se contentait, pour communiquer, de l'oral, corrigeant ou modifiant le dessein initial au fur et à mesure de la construction. C'est faire fi de la technicité dont témoignent les grands monuments du Moyen Age.

La maquette a été un moyen fréquent de communication de l'architecte avec le maître d'ouvrage. Celle de Saint-Maclou de Rouen (ci-contre), postérieure à 1521, donne une image fidèle et totale de l'édifice. Elle est en bois et en papier mâché et mesure plus de 1 m de haut. Celle de l'église Notre-Dame à Ratisbonne (à droite, en haut) est un peu plus ancienne et a été réalisée en bois selon les plans de Hieber. Elle est d'une qualité exceptionnelle.

La présentation du projet

L'architecte avait plusieurs moyens pour permettre au maître d'ouvrage d'apprécier son projet : dessins

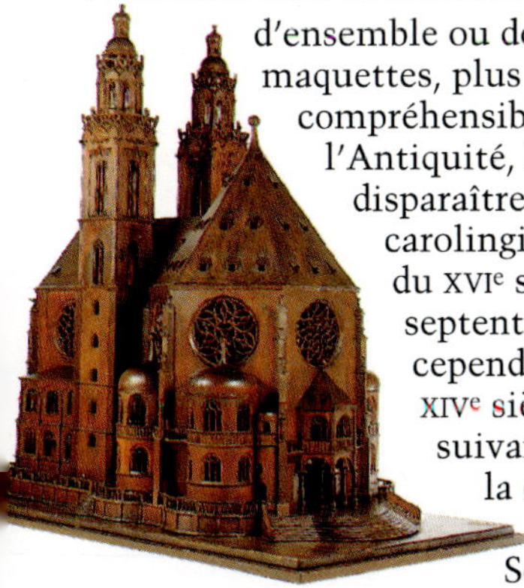

d'ensemble ou de détail, et surtout maquettes, plus aisément compréhensibles. D'usage courant dans l'Antiquité, les maquettes semblent disparaître entre l'époque carolingienne et le début du XVIe siècle dans l'Europe septentrionale. On en trouve cependant témoignage au XIVe siècle en Italie, au siècle suivant en France. Lors de la construction de l'abbaye de Saint-Médard de Soissons, une maquette en cire avait été réalisée. Lorsqu'à l'automne 1398 Sluter se lança dans la réalisation du fameux Puits de Moïse destiné à la Chartreuse de Champmol, il fit réaliser une maquette de plâtre à grandeur. Un peu auparavant, en 1381, la même présentation précède l'exécution du jubé destiné à la cathédrale de Troyes.

Sur les tombes, il est fréquent de voir figurer les fondateurs d'édifices religieux tenant un petit modèle du bâtiment. Le plus ancien exemple, qui remonte au milieu du XIIe siècle,

L'existence de maquettes antérieures au XVIe siècle est attestée par la figuration à échelle encore plus réduite de modèles tenus en main par le fondateur. On trouve même des gisants tenant des maquettes comme celui d'un comte palatin, du milieu du XIIIe siècle, conservé à Nuremberg (ci-dessous).

est le gisant du roi Childebert, fondateur de la basilique de Saint-Vincent-Sainte-Croix à Paris. Dès le début du XIVe siècle, le fondateur est figuré sur le portail, présentant le modèle de l'édifice; c'est le cas d'Enguerrand de Marigny, à la collégiale d'Ecouis, dans l'Eure.

Ces maquettes destinées au maître d'ouvrage étaient d'un usage courant, faciles à réaliser dans un matériau qui pouvait être le bois, le plâtre, mais aussi la pierre. Elles pouvaient figurer le monument dans son intégralité ou un détail de celui-ci.

Des dessins conservés

Les dessins se révélaient sans doute plus onéreux, en raison du coût du parchemin. Les plus anciens proviennent de l'œuvre Notre-Dame de Strasbourg – fondation chargée de la construction, composée de la fabrique et de la loge des artisans – et remontent, pour l'un d'entre eux, aux années 1250-1260. On connaît ainsi le premier projet de la façade occidentale destinée à venir clore une nef vraisemblablement conçue par un architecte formé à Paris. Les autres dessins montrent les changements apportés à ce premier projet qui ne fut finalement jamais exécuté.

Tout au long de cette période, d'autres chantiers sont tout aussi attentifs à la conservation des dessins : Ulm, Vienne, Fribourg-en-Brisgau, Clermont... Ce sont non seulement des

La maquette de la chapelle de Rieux, construite au chevet de l'église des Cordeliers à Toulouse, entre 1333 et 1344, portée par son fondateur Jean Tissandier, souligne à l'évidence qu'il ne s'agit pas d'une figuration symbolique, mais bien de la représentation exacte d'un modèle réduit qui devient de plus en plus précis.

façades, mais aussi des élévations latérales (Cologne), des coupes (Prague), des chapelles (Strasbourg). Leur destination ne laisse pas place au doute : le marché de 1381 pour la reconstruction du clocher de la Daurade, à Toulouse, est accompagné d'un «petit rouleau de parchemin». Mieux encore, pour le portail du cloître de l'hôpital Saint-Jacques, à Paris, daté de 1474, le marché est accompagné d'un dessin toujours conservé. Il était l'œuvre de Guillaume Monnin, maçon tailleur de pierre, et destiné aux gouverneurs de l'hôpital. Il était suffisant pour que ces derniers puissent juger de l'état final.

La transmission des dessins au chantier

Les documents soumis au maître d'ouvrage n'étaient pas assez poussés pour permettre l'exécution du bâtiment. L'architecte devait en élaborer d'autres pour préciser sa pensée : indications de détail communiquées au chantier. Si ce type de document disparaît généralement au cours des travaux, certains cependant ont été conservés, tel un dessin, à Strasbourg, qui représente les voûtes de la chapelle Sainte-Catherine,

L'idée de construire un beffroi entre les deux souches des tours de la cathédrale de Strasbourg date des années 1360-1365. Il a été l'objet de profondes réflexions dont témoigne le plus grand dessin médiéval conservé (4,10 m), qui porte en outre, en couleur, l'indication précise du programme sculpté (ci-contre).

Le sceau de l'œuvre Notre-Dame de Strasbourg, fabrique de l'église et propriétaire de terres et de rentes, figure la façade de la cathédrale, et met en valeur la présence du beffroi (ci-dessus).

Le musée de l'œuvre Notre-Dame de Strasbourg conserve l'une des plus riches collections de dessins sur parchemin, dont les plus anciens remontent au milieu du XIIIe siècle. Ils sont à la fois le témoignage des hésitations des maîtres d'ouvrage sur les choix esthétiques, notamment pour la façade, mais aussi des abandons pour des raisons techniques. Le dessin de façade (à gauche) présente un projet des années 1250-1260. L'élévation de la moitié de la façade (au centre), des années 1275, montre pour la première fois une superposition d'arcatures et de baies. L'élévation de la flèche (à droite), dessinée par Hans Hammer avant 1490, reprend les grandes lignes de la tour nord, achevée en 1439. On ignore s'il s'agit d'un projet pour la tour sud qui ne fut finalement jamais réalisée.

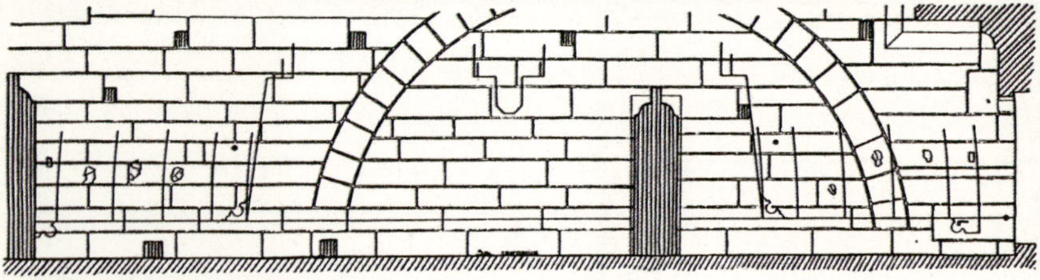

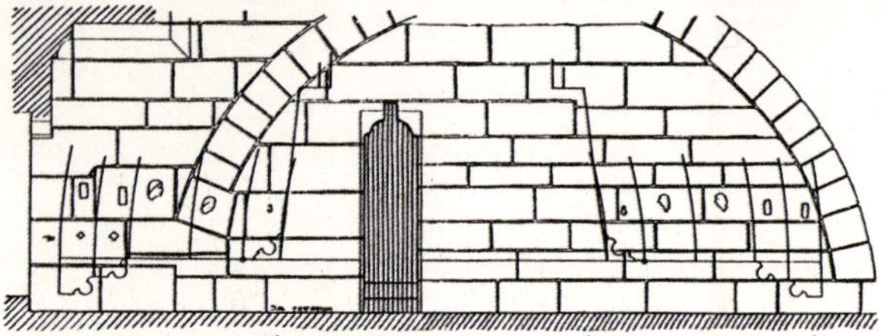

Pour faciliter la tâche des tailleurs de pierre, il était d'usage de dessiner les épures. Certaines d'entre elles, gravées dans la pierre, ont été conservées par un hasard miraculeux. Dans le bras sud de la cathédrale de Reims, on peut voir, sur le mur est du triforium, le dessin du revers du portail central tel qu'il a été réalisé ; sur le mur ouest, celui du portail latéral (ci-dessus). Il s'agit d'épures schématiques, mais d'une précieuse exactitude : elles sont à grandeur et figurent à la fois l'élévation et le plan. Les dessins de têtes – trois au centre, deux dans le portail latéral – indiquent que les voussures étaient sculptées. Le XXe siècle est resté fidèle à cette figuration dans les chantiers de restauration, comme ici pour la flèche de l'escalier d'honneur de l'hôtel de Cluny, à Paris (à gauche). L'appareilleur a dessiné à la fois l'élévation et le plan, mettant en évidence les différentes assises ; les traits de couleur indiquent les pierres à remplacer.

reprises à partir de 1542 par Bernard Nonnenmacher. Il porte des indications de chiffres et de lettres destinées à préciser la coupe des pierres des ogives. Un autre dessin, du contrefort occidental de la cathédrale de Strasbourg (1350-1365), superpose trois niveaux : sol, rose, beffroi. Bien d'autres pourraient être cités, qui montreraient la difficulté d'analyser leur finalité.

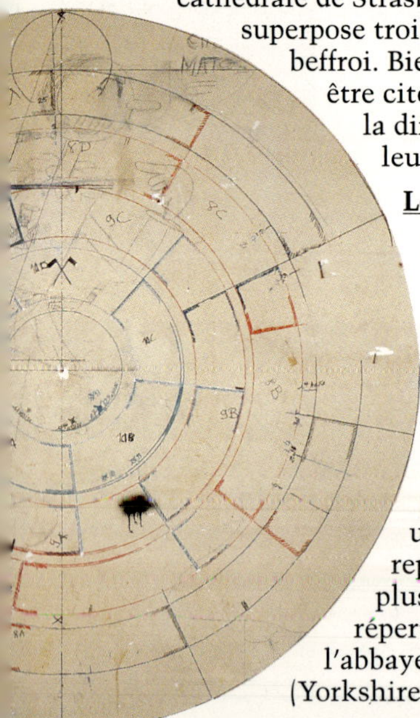

Les épures

Il existe quelques exemples, les plus nombreux en France, de ce que l'on a appelé épures, c'est-à-dirc des dessins gravés dans la pierre, de 2 à 3 millimètres de profondeur, figurant un détail d'architecture reproduit à grandeur. Le plus ancien témoignage répertorié est celui de l'abbaye cistercienne de Byland (Yorkshire du Nord). Il remonte à la fin du XIIe siècle : la première épure reproduit une rose occidentale; la seconde, le détail de la partie centrale de cette même rose. Ce procédé – qu'il soit gravé ou peint – est lié à la stéréotomie, c'est-à-dire à la coupe des pierres; il n'est plus le fait de l'architecte lui-même, mais d'un spécialiste auquel les textes reconnaissent la qualification d'appareilleur.

Généralement effectués sur des matériaux périssables, dans des «chambres aux traits» (*tracing houses*) – dont la plus ancienne mention n'est pas antérieure à 1324 –, les dessins disparaissaient avec la fin du chantier. Quant aux gravures réalisées directement dans la pierre, qui n'étaient sans doute

Dans la sacristie de la chapelle Saint-Matthieu de Roslin, en Ecosse, dont les travaux de construction ont été entrepris en 1450, les murs nord et sud conservent les épures gravées des différentes ogives et des pinacles, étrangement superposées (ci-contre).

pas le cas le plus général, on les trouve sur le sol de l'édifice, comme dans la chapelle d'axe de Narbonne, sur les murs extérieurs du chœur (Clermont-Ferrand), sur les murs du transept (Reims). Dans ces exemples, la représentation est à la dimension d'exécution. Il en existe d'autres où elle se trouve réduite. On trouve dans le bras sud du transept de Soissons des figurations réduites et schématiques de deux roses ; l'une est peut-être celle de la façade occidentale de Chartres, l'autre de la rose du bras nord de Laon. A l'hôpital de Cambridge, à l'église bénédictine de Gegenbach, à Leighton Barzzard, les dessins sont également à échelle réduite. Il s'agit seulement de moyens mnémotechniques destinés à l'architecte.

La nécessité de dessiner s'imposait à l'architecte soucieux d'obtenir des projets parfaitement maîtrisés. Il était aidé dans cette tâche par sa propre agence. Un lieu était mis à sa disposition dont il est parfois fait mention dans les documents sous le nom de *trasura*, souvent traduit en français par «chambre aux traits», et en anglais par «tracing house». Il en existait à Rouen, à Strasbourg, à Paris, et il en subsiste en Angleterre, en particulier à Wells et à York (à droite).

Les gabarits : mémoire du chantier

Les documents mentionnent assez fréquemment l'existence de gabarits ou môles que l'on voit parfois reproduits. Il s'agit d'éléments très simples généralement découpés dans le bois qui donnent le profil d'une base, d'une ogive ou d'une modénature. Les plus anciens exemples figurés se trouvent à Chartres, et datent du début du XIIIe siècle. Dans le vitrail de Saint-Chéron, plusieurs gabarits sont suspendus dans la loge des sculpteurs, rangés avec précaution. On les reconnaît dans le médaillon qui représente la panoplie du tailleur de pierre. Le *Carnet* de Villard de Honnecourt, un peu plus tardif, fournit sur ce point une documentation exceptionnelle. Conscient de leur importance, Villard n'a pas hésité à dessiner les différents

Les tracés n'étaient pas réservés à la construction de pierre. Aujourd'hui encore, les charpentiers ont conservé cette technique (ci-dessus).

gabarits qui ont servi à la construction des chapelles rayonnantes de la cathédrale de Reims : meneaux, ogives, doubleaux, formerets. Il indique même par un signe distinctif le «lit d'attente», c'est-à-dire le sens dans lequel ils doivent être utilisés.

C'est dans cette même optique de mémorisation qu'il faut analyser les lieux où le souci de conservation nous permet de connaître des documents exceptionnels, ailleurs disparus. La richesse de Strasbourg, Ulm, Vienne oblige à s'interroger sur la pauvreté documentaire de Paris, Reims, Beauvais. Dans nombre de cathédrales

A York, une «tracing house» avait été spécialement aménagée par les maçons avec une cheminée et un cabinet où sont toujours conservés les patrons. L'aire de traçage, de 7 m sur 4 m, entièrement libérée de tout support, était destinée à recevoir un dessin à grandeur, réalisé comme il se doit grâce à des instruments très simples : équerre et compas. Le sol a conservé des traits (ci-dessous), que l'on a pu identifier comme le tracé du remplage des baies de collatéraux du chœur du monastère (vers 1360).

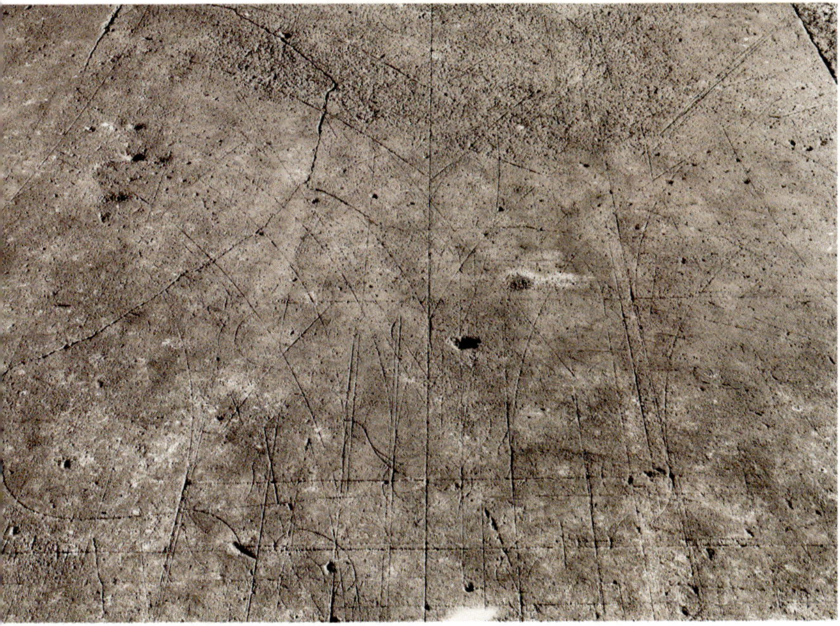

La qualité de la construction et de sa mise en œuvre s'appuyait sur la mémoire du chantier. Il fallait à tout prix éviter que la lenteur prévisible des travaux n'aboutisse à des différences. Ainsi fallait-il conserver, entre autres, les profils de la mouluration, que l'on appelle au Moyen Age môles ou gabarits. Un vitrail de Chartres (ci-contre), offert par la corporation des tailleurs au début du XIIIe siècle, met en évidence deux môles en bois, de couleur jaune, accrochés sous un compas dans la loge des tailleurs de pierre.

françaises, anglaises ou espagnoles, il ne subsiste aucun dessin. Certes ces édifices sont antérieurs, mais cette différence chronologique ne peut rendre compte d'une telle absence. Là encore, le *Carnet* de Villard de Honnecourt apporte d'importantes précisions, en particulier sur le chantier de Reims.

Villard de Honnecourt

On connaît depuis le milieu du XIXe siècle ce précieux recueil de dessins, commencé vers les années 1220-1230 par Villard, qui précise le but de l'ouvrage : «Dans ce livre vous trouverez des conseils de construction de la maçonnerie, des engins de charpenterie, l'art de la portraiture, les

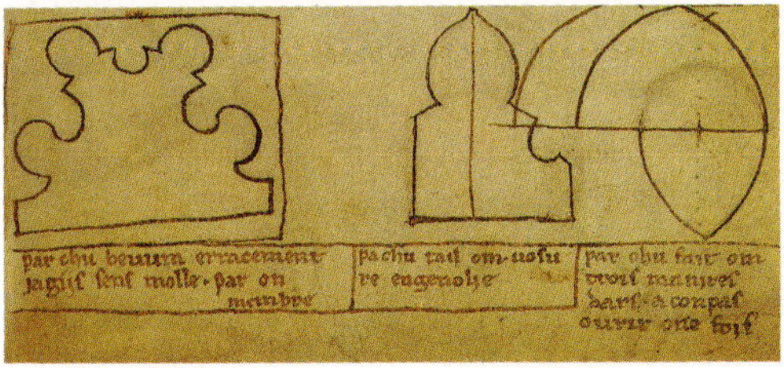

dessins comme l'art de la géométrie.» Jamais il ne se dit architecte et les interprétations données en ce sens ont fini par obscurcir la véritable personnalité de l'homme. C'est avant tout un curieux, attentif à tout, et notamment à l'évolution technologique de son temps.

Pour satisfaire cette curiosité permanente, il puise son inspiration où il le peut, pas toujours de première main. Ainsi s'expliquent les nombreuses erreurs récemment relevées. Lorsqu'il reproduit un lion «al vif», c'est-à-dire tel qu'il l'aurait vu, il a pu abuser ses contemporains, mais aujourd'hui on est sûr qu'il s'est très étroitement inspiré d'un document. On a également reconnu dans le prétendu tombeau d'un Sarrazin un volet de diptyque antique. Il reproduit des machines – notamment une scie hydraulique – dont il n'a pas toujours compris le mécanisme.

Ces quelques réserves n'enlèvent rien au génie de Villard, exceptionnel pour l'époque, et au témoignage qu'il nous fournit sur celle-ci. A l'exception d'un plan imaginé avec Pierre de Corbie – qui n'a d'ailleurs rien de convaincant –, tous les dessins se rapportent à des édifices existants, mais entretiennent avec ceux-ci de telles différences qu'on

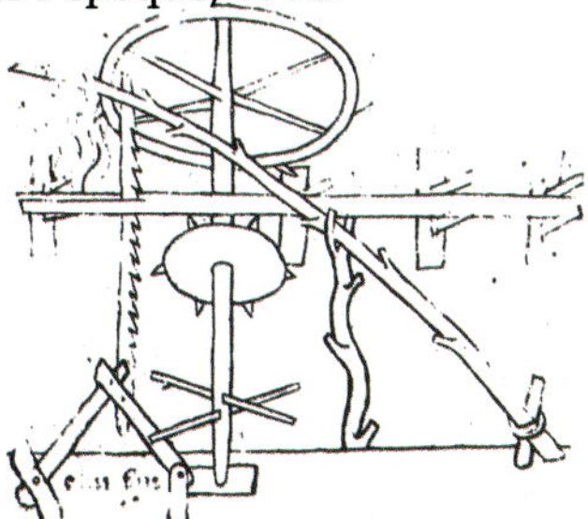

Villard de Honnecourt a dessiné des gabarits, en particulier ceux qui ont servi lors de la construction de la chapelle orientale de la cathédrale de Reims (ci-dessus). Il s'intéresse également aux instruments les plus perfectionnés comme la scie hydraulique (en bas).

ne peut pas admettre que Villard s'en soit directement inspiré. Les dessins des roses de Lausanne et de Chartres sont si éloignés des roses actuelles qu'on ne peut en imputer les erreurs à une mauvaise reproduction. Il en va de même, comme tous les critiques l'ont montré, de Reims : élévations extérieure et intérieure, coupes. Pour expliquer ces différences, et non pas ces erreurs, il faut admettre que Villard a reproduit un document qu'on lui avait fourni.

Villard de Honnecourt s'est longuement arrêté à Reims. Il y a étudié différents dessins de monuments français et suisses, recueillis par l'architecte constructeur qui cherchait ainsi à se constituer une documentation. Villard en a reproduit certains, sans chercher à savoir s'ils correspondaient à la réalité construite. Pour la tour de Laon par exemple (ci-contre et page 106), ce qui l'intéresse avant tout, c'est la figuration des bœufs plutôt que l'exactitude des formes architecturales.

Les légendes de certaines planches vont dans ce sens, qui mettent en évidence ce qui est réalisé – les chapelles rayonnantes – et ce qui doit être construit mais qui ne l'est pas encore, comme l'un des piliers de la croisée du transept. Il est vraisemblable que l'architecte de Reims lui avait founi l'ensemble de ces documents, dont des dessins qui n'étaient en fait que des projets abandonnés et qui avaient particulièrement retenu l'attention de Villard pour une raison qui nous échappe encore. Il lui avait également fourni des gabarits ayant servi à la construction des chapelles rayonnantes. On peut se demander, pour rester dans le domaine des hypothèses, si l'architecte de Reims n'aurait pas montré à Villard des relevés d'autres édifices pour nourrir sa réflexion avant un si vaste projet. Le fait qu'il s'agisse de détails et non de dessins d'ensemble viendrait appuyer cette

Le rapprochement entre la rose de Lausanne, admirable dans sa réalisation (ci-dessus) et peu convaincante dans le dessin qui est le reflet d'un projet abandonné (au centre), est tout a fait caractéristique de l'esprit de Villard.

Pour la cathédrale de Reims, Villard n'a pas cherché à dresser la coupe et l'élévation du monument construit, mais à redessiner un projet qu'il savait sans doute abandonné pour des raisons qui nous échappent. Il simplifie vraisemblablement ses différents dessins pour ne retenir que certains points : arc-boutant à double volée et à double batterie (à gauche), dessins des baies (à droite) qu'il rend plus lisibles par la suppression des arcs-boutants. Le relevé moderne (ci-contre) souligne similitudes et différences.

hypothèse. On aurait ainsi un témoignage très éloquent de l'élaboration d'un projet, nourri au départ d'exemples graphiques empruntés à différents monuments. De tels documents, véritable mémoire du chantier, étaient indispensables pour le maître d'ouvrage soucieux d'éviter les changements de parti : à Reims, la cathédrale – modèle de permanence – est commencée en 1211 mais la façade n'est entreprise que cinquante ans plus tard.

Il en allait autrefois comme aujourd'hui, le choix pour un maître d'ouvrage ne peut s'établir qu'à la vue de documents graphiques.

« Nous fesons à savoir que pardevant nous vint Estienne de Bonnueill, taillieur de pierre, maistre de faire l'église de Upsal en Suède, proposant à aler en ladite terre, si comme il disoit. Et reconnut en droit que, pour mener et conduire au couz de ladite église, aveques lui, tex compaignons et tex bachelers comme il verra que il sera mestier et profit à ladite église. »

Acte passé devant le prévôt de Paris,
30 août 1287

CHAPITRE IV

LE CHANTIER

L'obsession, à la fin du XVe siècle, des peintres et enlumineurs à représenter le chantier est d'autant plus étonnante que l'ère des grandes cathédrales est achevée. Tout est cependant prétexte à montrer en une image synthétique ce que représentait le défi gothique.

L'organisation du chantier soulève des questions délicates. La réponse ne peut être d'ordre général. Les différences tiennent à l'époque – les progrès ont été énormes, mais les récessions également –, aux régions, aux capacités financières, aux hommes enfin, dont le génie, mais aussi les connaissances techniques, ne sont pas identiques.

L'Europe des bâtisseurs

S'agissant de l'architecture de pierre, on ne peut nier la fantastique avancée des régions nordiques : la Normandie au XIe siècle, l'Ile-de-France aux XIIe et XIIIe siècles. On constate qu'ailleurs l'apparition d'un nouveau style, généralement lié à une technique différente, est consécutive à l'arrivée d'équipes d'hommes étrangers au pays. Il ne suffit pas de faire appel à un architecte pour réaliser l'œuvre révolutionnaire, il faut l'accompagner d'hommes

La diffusion des techniques de la construction gothique a été assurée par des architectes français et des techniciens de très haut niveau, appelés sur des chantiers lointains. L'organisation des corps de métiers était parfaitement réglée. A Rhodes, le grand maître de l'Ordre hospitalier les reçoit de façon solennelle au moment où, en 1480, la ville est assiégée par les Turcs (ci-dessous). Les charpentiers précèdent les maçons ; au sol sont posés leurs outils : auge à mortier, compas, équerre, massette, râpe.

de haut niveau capables de l'appuyer dans son action.

Les exemples sont éloquents, empruntés à des pays et à des époques différentes. On a déjà évoqué le cas de Saint-Jacques-de-Compostelle, où Bernard le Vieux se rend, accompagné de cinquante lapicides. Lorsqu'il est demandé en 1287 à Etienne de Bonneuil de construire la cathédrale d'Upsala en Suède, il part avec dix compagnons et dix bacheliers – faisant office de hauts techniciens – recrutés à Paris après signature d'un contrat. Il en va de même à Prague en 1344 pour la construction de la cathédrale Saint-Guy. Le futur Charles IV fait appel à un architecte français rencontré à Avignon, Mathieu d'Arras et le convainc de réaliser en terre d'empire une cathédrale à la française. Celui-ci part avec une

La tour de Babel, symbole de l'anéantissement de l'orgueil humain, a pris au XVe siècle une signification mythique par rapport à l'architecture. Elle était un moyen pour les enlumineurs et les peintres de représenter une construction de pierre, de hauteur vertigineuse, mais aussi de figurer les êtres et les engins qui avaient permis sa réalisation. Les instruments de levage, exemplaires dans leur diversité, y trouvent une place de choix.

équipe de techniciens qu'il sait ne pas pouvoir trouver en Bohême : appareilleurs, tailleurs de pierre...

De tels choix entraînaient un surcoût non négligeable dans la construction, ce qui permet de juger de l'ambition du commanditaire. Ce n'était pas toujours le cas. Lorsqu'il se rend à Canterbury, Guillaume de Sens trouve sur place des hommes capables de répondre à ses exigences car, depuis la conquête par Guillaume, les Anglais s'étaient formés à la construction de pierre.

Des corps de métiers organisés

Le chantier regroupe, hier comme aujourd'hui, dans la construction de pierre, deux grands corps de métiers : les charpentiers et les maçons. Il en existe bien d'autres, dont l'action est plus ponctuelle et par là même se cerne avec plus de difficulté. La métallurgie est une activité qui a pris, en avançant dans le temps, un rôle privilégié,

Alors que les charpentiers avaient régné sans partage jusqu'au XIe siècle, ils doivent laisser la place aux maçons et se réfugier dans la construction des charpentes, dissimulées par les voûtes de pierre, mais d'une haute technicité. Nombre d'entre elles ont disparu à la suite d'incendies, en

particulier en France (Chartres, Rouen, Reims). L'Angleterre, par contre, en conserve d'assez remarquables. Le tour de force était la réalisation de la flèche qui supposait une étude très poussée et une réalisation au sol avant la mise en place. Celle de la cathédrale de Salisbury (ci-contre) est l'une des plus spectaculaires.

mais dont l'organisation en corps de métiers échappe pour l'instant à l'analyse. L'évolution se fera en avançant dans le temps vers une technicité renforcée, même si l'on constate des régressions assez brutales. Dans l'Europe du Nord, le résultat est spectaculaire et, même si l'évolution se fait au profit de la maçonnerie, qui tend à prendre le pas, les constructions de charpente demeurent exemplaires : tels l'octogone et la tour lanterne montés par William Hurley au-dessus de la croisée de la cathédrale d'Ely, en Angleterre, effondrés en 1322. Dans la pierre, les exemples les plus étourdissants appartiennent également à l'Europe du Nord au cours du XIVe siècle.

En 1322, pour l'octogone et la tour lanterne de la cathédrale d'Ely en Angleterre (ci-dessus), le charpentier William Hurley a cherché à créer avec le bois l'illusion de la pierre en fondant son système à deux niveaux sur l'ogive. La légèreté du matériau lui a permis de couvrir un vaste espace et de l'éclairer par deux rangées de baies.

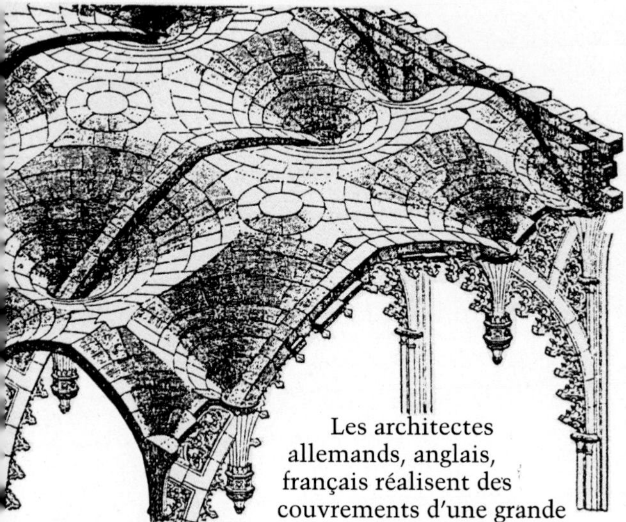

A la fin du XVe siècle, la maîtrise de la stéréotomie a permis, dans la plupart des pays européens, des réussites remarquables. Les architectes anglais ont créé la *fan vault* («voûte en éventail») dont la technicité, comme dans la chapelle de King's College à Cambridge (à droite), disparaît sous un décor inspiré de l'ogive mais en fait taillé dans les blocs de pierre. Le relevé de l'intrados de la chapelle d'Henri VIII à Westminster, un peu plus tardive (1502), est le point d'aboutissement le plus spectaculaire de la voûte en éventail (à gauche). Comme celle-ci, elle est formée de demi-cônes le long des murs, mais elle est à peine bombée, supportée par deux rangées parallèles de cônes complets se terminant par des pendentifs reliés entre eux par des arcs.

Les architectes allemands, anglais, français réalisent des couvrements d'une grande audace. L'invention par les Anglais de la *fan vault* («voûte en éventail») aboutit à la chapelle universitaire de Cambridge commencée en 1446 par Reginald Ely. Les architectes allemands, se libérant également du parti trop rigoureux de la voûte d'ogives quadripartite, réussissent à lancer sur la salle Vladislas du château de Prague une voûte de 16 mètres de large sous une hauteur de 13 mètres. En France, même si l'audace est moindre, l'architecte se libère complètement du poids de la voûte. La basilique de Saint-Nicolas de Port, près de Nancy, commencée en 1481, est l'aboutissement de cette recherche.

Les manuels de construction

Cette maîtrise technique est la conséquence d'un professionnalisme accru et d'une diversification des tâches. Pour retracer cette évolution, ce qui n'est pas aisé, il faut passer par l'analyse attentive des documents et surtout des comptes. Dans l'Empire, apparaissent à la fin du XVe siècle des ouvrages sur la technique de construction qui finiront par devenir les manuels de la Renaissance. Philibert Delorme, en France, a rendu compte, dans

son œuvre, de la pensée et de la technique médiévales. Mais l'auteur du plus ancien traité technique est Mathieu Roriczer, maître d'œuvre de la cathédrale de Ratisbonne (1486). Certes, nombre de ces ouvrages mettent en évidence les limites de leur ambition : ils illustrent souvent des «recettes» de détail dont la compréhension est réservée aux hommes de l'art. Rien ne nous assure d'ailleurs de leur diffusion au-delà d'un cercle restreint.

Des hommes différents, des métiers spécialisés

Sur le chantier, le déphasage entre ces intellectuels et les petits métiers, qui occupent le plus grand nombre, s'accentue. Porteurs d'eau, porteurs de pierre, porteurs de chaux sont souvent représentés sur les enluminures ; ils sont rémunérés à la tâche ou mieux encore à la journée, et recrutés sur place. On passe un échelon important avec les gâcheurs de mortier. La fonction est essentielle et exige un investissement personnel important. L'analyse de la maçonnerie en œuvre met en évidence des nuances généralement liées à la formation des individus.

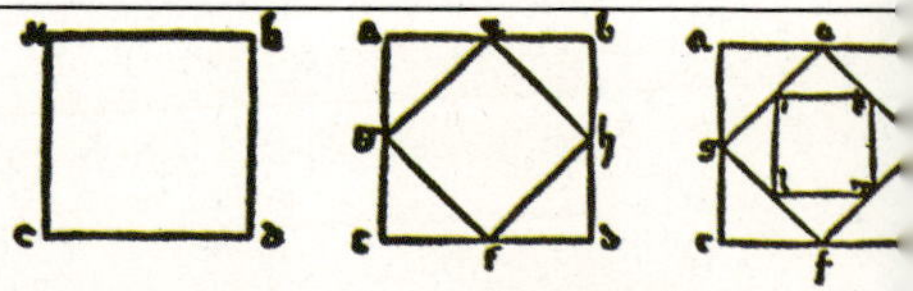

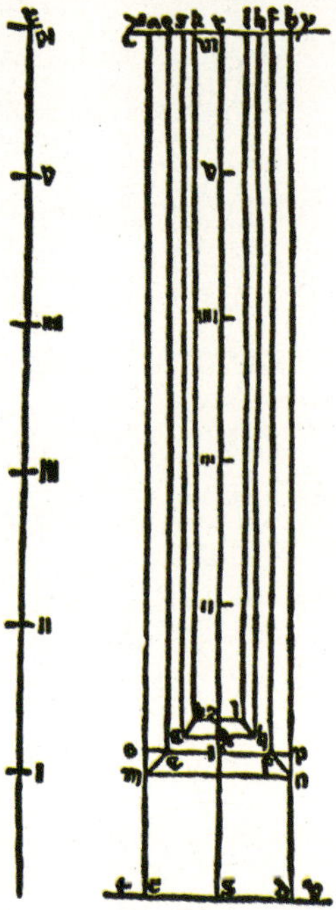

L'évolution des techniques entre le XIIIe siècle, illustré par un vitrail de Bourges (à gauche), et le XVe siècle passe par l'élaboration de manuels. Celui de Mathieu Roriczer met en évidence l'importance de la géométrie. Du plan établi à l'aide d'un compas et d'une règle, il tire l'élévation, ici d'un pinacle (ci-dessus), et aboutit à ce que l'on appelle les «justes mesures».

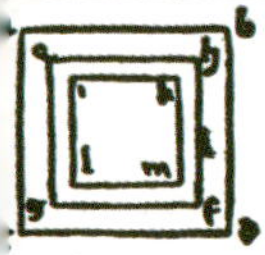

Les différences de salaire que l'on note dans les comptes le montrent en même temps qu'elles font ressortir la spécificité d'un métier. Certes, il est difficile à cette époque de faire des comparaisons d'ordre financier, le traitement brut n'existant pas, et la rémunération étant amplifiée par ce que l'on appellerait aujourd'hui des avantages en nature.

L'architecte est devenu aux yeux de ses contemporains une sorte de magicien des chiffres.

Les «hauts métiers»

Les maçons, qui posent les pierres pour dresser les murs, appartiennent à une catégorie qui semble, à l'analyse de certains comptes, supérieure. La distinction, pas toujours claire, s'explique par des habitudes différentes de chantier.

Le tailleur de pierre occupe un rôle privilégié : il est le passage obligé entre l'architecte ou l'appareilleur et la construction. Il a eu dans l'évolution technique une action décisive. Grâce à lui, on est passé d'une architecture rustique de la pierre cassée au marteau à la construction appareillée dans laquelle les joints et les lits se trouvent réduits. Il s'agit d'une véritable révolution qui s'est produite au début du XIe siècle sur des chantiers exceptionnels. Les chroniqueurs, habitués jusque-là à des construction grossières, en ont été si frappés qu'il ont dit leur émerveillement.

Lorsqu'au cours du XIe siècle

l'habitude en est prise, ils se sont montrés plus discrets. Pour arriver à un tel résultat, hier comme aujourd'hui, trois éléments sont indispensables : la formation initiale du tailleur de pierre, la confection par celui-ci de ses outils, le choix du matériau. Nous sommes mal renseignés sur ces différents points à la lecture de documents généralement peu explicites ; nous le sommes mieux grâce à l'analyse des monuments. Ils montrent des différences si notables qu'elles ne peuvent s'expliquer que par l'appel à des hommes dont le niveau de qualification n'était pas identique.

Des signatures dans la pierre

Les marques de tâcherons apportent sur ce point des renseignements précieux. Ces signes gravés avec beaucoup d'élégance, sur la face visible de la

pierre, mettent en évidence l'orgueil de celui qui l'a taillée avec soin et n'a pas hésité à signer son œuvre. On les trouve identiques dans bien des monuments, apportant des renseignements d'ordre chronologique. L'église Saint-Germain-des-Prés à Paris, apporte un témoignage révélateur. L'abbé Morard avait entrepris sa reconstruction par le clocher-porche, terminé à sa mort (1014). Les travaux se poursuivent au-delà par la construction de la chapelle Saint-Symphorien située au sud, par les clochers situés à l'est du transept et enfin par la nef. Les maçonneries sont couvertes de marques de tâcherons dont certaines se retrouvent dans ces différentes parties. On peut donc affirmer qu'elles ont été réalisées par une seule génération. On a également découvert à Tewkesbury, en Angleterre, des marques de tâcherons identiques à celles que l'on voit au sud de la Manche. Les tailleurs de pierre sont passés de l'un à l'autre chantier, après avoir traversé l'eau. Ces marques, faut-il le rappeler, sont des signatures personnelles, comme aujourd'hui un paraphe. Elles permettaient, le mur monté, de rétribuer à la pièce celui qui avait taillé la pierre, en même temps que la qualité de la taille pouvait être appréciée. La disparition de ces marques est liée à une autre forme de rétribution, à la série ou à la journée lorsque la technique adoptée n'exigeait plus une telle attention; elle varie en outre suivant les régions, suivant les institutions. Il est possible

Architectes et maçons du Moyen Age sont passés maîtres dans la technique de la reprise en sous-œuvre, c'est-à-dire le remplacement des supports. Il en existe de nombreux exemples dans le chœur de Notre-Dame de Paris ou à la cathédrale de Meaux. En 1231, l'architecte anonyme de Saint-Denis a agi de même : conservant les voûtes du déambulatoire et changeant les supports du sanctuaire, il garde les tailloirs du XIIe siècle. Un manuscrit illustre cette délicate opération (à gauche), réalisée ici «en tiroirs». Dès le début du XIe siècle, les tailleurs de pierre parisiens ont à cœur de signer la pierre taillée à angle vif d'une marque personnelle; en forme de clé dans le clocher-porche de l'église Saint-Germain-des-Prés (ci-dessus).

De la taille de la pierre à sa mise en œuvre, l'image médiévale du chantier rassemble de façon imaginaire tous les corps de métiers. Les représentations de la tour de Babel (ci-dessus) illustrent de façon exemplaire cette diversité humaine, amplifiée encore par la présence d'engins techniques comme la grue à double poulie.

également qu'il ait existé des entreprises de construction, fondées sur le capitalisme, comme on les connaît aujourd'hui. Les textes n'en fournissent pas de témoignage, mais cette hypothèse mérite d'être évoquée pour des villes qui ont eu des activités de construction intenses comme Paris dès le XIe siècle. Le rythme ne fit ensuite que s'amplifier à compter du milieu du XIIe siècle, pour ne plus se ralentir.

Les «mercenaires» des Cisterciens

L'architecture cistercienne permet de mieux appréhender encore cette réalité. On sait les difficultés rencontrées par l'ordre dans la gestion des frères convers qui finirent, à la fin du XIIe siècle, par se révolter contre les tâches qui leur étaient imposées. Au milieu du XIIIe siècle, les vocations se raréfièrent, si bien que la main-d'œuvre devint extérieure et donc rétribuée. Dès 1133, saint Bernard, à Clairvaux, avait loué des ouvriers pour aider les moines dans la réalisation de nouveaux bâtiments. La règle fait même allusion à ce que l'on appelle alors les «mercenaires». Ils étaient payés à la tâche, et ont laissé les traces de leur passage en signant les pierres taillées, à Flaran, comme à Sénanque et dans bien d'autres abbayes. Il est frappant de constater que la beauté des signes lapidaires est liée à la qualité de la taille, les Cisterciens ayant mis leur point d'honneur à recruter les meilleurs tailleurs de pierre.

De véritables entreprises de bâtiment

Il est vraisemblable que ces marques individuelles sont devenues celles du maître. Pour la réalisation du pont Notre-Dame, à Paris, en 1500, cinq ateliers furent organisés. A la tête de chacun d'entre eux fut placé un maçon principal-tailleur de pierre, ayant sous ses ordres quatorze maçons qui marquaient les pierres taillées de la marque du maître.

Le dessin à l'encre sur papier (ci-dessous), reproduit par la gravure dans la seconde moitié du XVIe siècle, montre la construction de l'abbaye cistercienne de Schönau, près de Heidelberg en Allemagne. C'est un témoignage exceptionnel sur des moines cisterciens à l'œuvre sur un chantier. Pour mettre en valeur le rôle de Saint Bernard dans la fondation et la construction d'abbatiales, un sculpteur du XVe siècle l'a représenté tenant une maquette à la main (au centre).

Un chantier parmi d'autres, mais dont l'analyse se révèle moins délicate qu'ailleurs, aide à la compréhension de l'organisation humaine. Certes, il s'agit d'un chantier royal, celui du château de Beaumaris, en Angleterre. Les comptes de 1268-1270 indiquent la présence de 1630 ouvriers, 400 maçons, 30 forgerons ou charpentiers, 1000 manœuvres et charretiers. Cette proportion est généralement celle des chantiers bien alimentés, c'est-à-dire qui ne souffrent pas de difficultés financières. Les comptes de la fabrique d'Autun, en France, pour la période 1294-1295, donnent quelques indications sur les salaires : les manœuvres touchent 7 deniers ; les plâtriers et mortelliers, 10 à 11 deniers ; les maçons et tailleurs de pierre, 20 à 22 deniers. Entre le haut et le bas de l'échelle, la proportion est de

trois, soulignant une fois encore la forte hiérarchie qui existait alors.

Le premier des matériaux : la pierre

La qualité de la construction passe par le choix attentif des matériaux. Le Moyen Age comme l'époque antique se sont trouvés confrontés à ce problème ardu, que notre époque connaît de façon douloureuse, lorsqu'elle entreprend la restauration de monuments anciens. Les carrières originelles sont épuisées ou n'offrent plus une pierre d'aussi bonne qualité. Dès le XIe siècle, lors du redémarrage de la construction de grande envergure, maîtres d'ouvrage et maîtres d'œuvre ont été confrontés à ces nécessités : trouver de la belle pierre, chercher des bois de charpente, se

Le transport et la manutention de la pierre sur le chantier font partie des préoccupations des architectes. On voit dans la photographie du transept de la cathédrale de Reims, éventrée à la suite de bombardements en 1917, les différents matériaux mis en œuvre : pierre taillée, pierre moulurée, pierre de blocage. Le transport de la pierre taillée se faisait avec beaucoup de précautions (à gauche) afin d'éviter les épaufrures, c'est-à-dire que les arêtes ne soient brisées. Le transport du blocage, quant à lui, n'exigeait pas un tel soin (à droite).

procurer du métal bien trempé. La fourniture de la bonne pierre a été la première inquiétude des constructeurs du Moyen Age.

Disposer d'une carrière dans un environnement immédiat ; tenter de l'acquérir pour l'exploiter librement, sans alourdir le coût, telles sont les préoccupations majeures des maîtres d'ouvrage – évêques, abbés, rois, seigneurs –, qu'ils résolvent de façon pragmatique.

Dans les lieux privilégiés, il suffisait d'extraire la pierre sur place ; on se contentait ainsi du «don» du sol.

L'architecture de défense en offre de nombreux exemples : à Chinon, à Coucy, à Château-Gaillard, où la roche porte encore les traces de cette extraction. Bien d'autres châteaux moins célèbres que ceux-ci ont pu être réalisés grâce à une exploitation locale, ainsi dans les sites de montagne. Les fameux châteaux du pays de l'Aude ont été dressés avec le calcaire très dur, trouvé sur place, et aisé à tailler. Peyrepertuse, Quéribus, Puylaurens, qui se situent entre 700 et 800 mètres de hauteur, n'auraient pu être réalisés s'il en avait été autrement. On a aussi récupéré des pierres dans les monuments existants, du Bas-Empire, comme les murailles de Beauvais, ou parfois plus récents.

Les carrières

Cette méthode ne pouvait plus être satisfaisante dès lors que l'ambition était plus vaste. Aussi lit-on dans les textes de nombreux témoignages de maîtres d'ouvrage allant à la recherche de carrières jusqu'alors ignorées ou dont l'exploitation avait été abandonnée. Au début du XIe siècle, pour reconstruire la cathédrale de Cambrai, l'évêque Gérard Ier se met en quête d'une carrière qu'il finit par trouver à Lesdain, à quelque 10 kilomètres de la ville. Bien d'autres exemples pourraient être cités :

c'est encore un maître d'ouvrage, l'abbé Suger, qui découvre près de Pontoise des carrières aptes à fournir les pierres des colonnes en délit du déambulatoire de Saint-Denis. Pour baisser les coûts, il faut acheter la carrière (Chermizy pour la cathédrale de Laon) ou bien obtenir l'exploitation pendant la construction (Tours, Troyes, Meaux, Amiens...); dans bien des cas, par chance, les carrières appartiennent déjà aux religieux (Lyon, Chartres...). Cependant les carrières pouvaient être en main privée et faire l'objet d'une exploitation commerciale; tel devait être le cas à Paris où la pierre affleurait sur les coteaux de la Bièvre. Très éloignées, elles soulevaient des problèmes

L'extraction de la pierre se faisait soit en galerie (en haut, à gauche), soit à ciel ouvert. Le coût n'était pas le même, on devait en effet étayer les galeries avec de coûteuses charpentes afin d'éviter l'effondrement. Le métier de carrier était particulièrement dangereux et nécessitait des connaissances précises : choix des bancs et calcul des dimensions des blocs à prélever. Pics, barres à mine et coins de bois étaient les outils utilisés pour extraire les blocs bruts. On conçoit que, pour des raisons d'économie, on se soit souvent contenté de récupérer le parement de belles constructions plus anciennes dans leurs parties inférieures, dégageant ainsi le blocage, comme on le voit ici pour le Mausolée de Cecilia Metella, à Rome (ci-contre).

gigantesques aux lourdes conséquences sur le coût. C'est par millions de tonnes que les Anglais importent outre-Manche la pierre de Caen, au lendemain même de la conquête de l'île, pour construire la cathédrale de Canterbury, l'abbatiale de Saint-Augustin, le palais royal de Westminster, la Tour de Londres, l'abbaye de Battle, avant que l'on ne découvre, près de Stanford, d'autres carrières. La question du transport restait cruciale : Guillaume de Sens imagina des machines pour extraire les pierres des bateaux qui les avaient transportées.

Le transport de la pierre s'effectuait par voie d'eau ou de terre. Dans le premier cas, des barges à fond plat spécialement conçues conduisaient au plus près du chantier (ci-dessus). La charge ne pouvait être considérable sous peine d'accident. Moins onéreuse que par voie de terre, elle avait cependant l'inconvénient d'imposer deux ruptures de charge. Ailleurs, le cheval et surtout le bœuf ont joué un rôle essentiel. Il s'en est suivi une admiration pour ce dernier, animal paisible et résistant qui sillonnait les routes médiévales. Un juste hommage lui a été rendu dans la pierre par l'architecte de la cathédrale de Laon (à gauche).

Le transport des matériaux lourds

La voie d'eau était le transport le plus pratique, le moins onéreux, dès lors que l'on eut inventé les barges. A Paris, elles descendaient la Bièvre, empruntaient le petit bras de la Seine avant d'être déchargées à l'extrémité orientale de l'île de la Cité, à proximité du chantier de la cathédrale. Les rivières et les fleuves ont été sillonnés : ainsi la Loire, du Nivernais à Saint-Benoît-sur-Loire, sous l'abbé Gauzlin. Ailleurs, on aménage des canaux afin d'éviter des ruptures de charge (Rievaulx, Bury-Sant Edmunds).

La voie de terre était parfois incontournable, mais on cherchait à réduire le trajet au plus court. Lors de la construction de la priorale de Poissy, au début du XIVe siècle, la pierre tirée des carrières de Conflans était d'abord acheminée sur la Seine avant d'être amenée à pied d'œuvre grâce à des chemins tracés en ligne droite à travers les vignes. Les dénivellations posaient des problèmes considérables. Pour amener les pierres de la carrière de Chermizy, située à 17 kilomètres de Laon, au sommet de l'*arx*, dominant d'une centaine de mètres la plaine, il fallut organiser de lourds charrois tirés par des bœufs, à qui l'on témoigna une telle reconnaissance qu'on les figura au sommet des tours.

Certes, le Moyen Age s'est montré particulièrement inventif dans le transport lourd. La découverte du collier d'épaule, l'attelage en file, permettaient aux chevaux de tirer des charges de deux tonnes et demie, alors qu'à l'époque antique ils étaient limités à 500 kilos. La puissance de traction des bœufs et des chevaux était devenue presque équivalente, mais la vitesse du cheval était une fois et demie plus rapide.

Le coût du transport s'ajoutait de façon très sensible à celui des travaux. Les quelques calculs qui ont été réalisés sont éloquents. Le transport de la

« La figure du bœuf marque la force et la puissance, le pouvoir de creuser des sillons intellectuels pour recevoir les fécondes pluies du ciel, tandis que les cornes symbolisent la force conservatrice et invincible. »

Pseudo Denys

pierre de Caen en Angleterre en a quadruplé le coût (cathédrale de Norwich). Lors de la construction de la cathédrale de Troyes, la valeur de la pierre tirée des carrières de Tonnerre quintuple. De nombreux autres témoignages confirment ce surcoût. A Romans, pour la construction d'un pont en 1412, le coût d'achat de cent voussoirs revient à 72 florins, leur transport par voie de terre à 40, par voie d'eau à 20.

Le transport du bois n'échappe pas à la règle : toujours à Romans, en 1390, le transport de trente sapins de 18 mètres de long revient à 425 florins pour un prix d'achat de 50 florins. Il faut 150 hommes et 80 paires de bœufs pour traîner les arbres jusqu'à l'Isère. Malgré ces coûts, on constate que voies d'eau et chemins sont sans cesse sillonnés par les barges et les charrois qui alimentent les chantiers en pleine activité.

On s'est beaucoup interrogé pour savoir si la taille de la pierre d'appareil ou de la pierre moulurée s'effectuait dans la carrière ou au pied de l'édifice. L'intérêt de la première formule était le moindre coût de transport, mais elle nécessitait en contrepartie l'envoi de gabarits précis pour réaliser ce que l'on a appelé depuis la taille en série; avantage de la seconde, la proximité qui évitait les pertes de temps et facilitait l'hébergement des tailleurs de pierre. Cette enluminure, tirée des *Grandes Chroniques de France* (en haut, à droite) ne permet pas de résoudre la question : sa vision synthétique rassemble des actions qui peuvent être éloignées dans l'espace et dans le temps.

Le mortier était certainement fabriqué à proximité du chantier, et aussitôt transporté à dos d'homme avant qu'il ne soit pris. La qualité d'une construction se jugeait autant à celle de la pierre qu'à celle de la chaux grasse.

Il faut ajouter, pour amplifier encore ce panorama, la simultanéité de chantiers voisins, en Normandie au milieu du XIe siècle, en Angleterre à la fin du XIe siècle, en Ile-de-France dans la seconde moitié du XIIe siècle.

La taille en carrière contre la taille sur le chantier

On comprend aisément que les maîtres d'ouvrage aient cherché à réduire les coûts, en allégeant les charrois. C'est ainsi qu'on en arriva non seulement à dégrossir, mais à tailler les pierres dans la carrière, retrouvant une coutume antique, mais également une taille plus aisée. Sur cette période – depuis Guillaume de Sens qui prépare et envoie à Caen les gabarits –, les renseignements abondent.

Das die ersten engelschen in das elsas
kamen und gar grossen schaden tatent

Un reportage du XVe siècle

Si le transport des matériaux représentait une difficulté, leur élévation en constituait une plus grande encore. La connaissance des engins inventés par les architectes romains avait été perdue. Elle fut retrouvée à une époque que nous ignorons, sur des chantiers très novateurs. Les différences, suivant les régions, ont vraisemblablement été très importantes. La *Chronique de Berne*, dite «de Spiez», due à Diebold Schilling, en 1484-1485, reproduit des constructions achevées, comme l'enceinte de Strasbourg, mais aussi la grue qui se trouve sur la plate-forme sud de la cathédrale encore inachevée (à gauche). Le peintre a également répertorié divers instruments de levage, comme la griffe (ci-contre, en haut) ou l'écureuil pour décharger les barges (ci-contre, en bas). D'autres enluminures de ce manuscrit illustrent divers moments de la vie du chantier : taille des pierres, transport de pierres de blocage dans des charrettes tirées par des chevaux, et mise en œuvre des pierres taillées au moyen d'une griffe (pages suivantes).

Lors de la construction de l'abbaye de Vale Royal (entre 1277 et 1298), les maçons furent envoyés à la carrière avec leurs aides pour extraire et tailler un millier de pierres. Il en fut de même à Westminster en 1253. Les pierres taillées étaient les éléments visibles de la maçonnerie : parement certes, mais aussi piédroits, remplages, éléments moulurés, d'où le soin qu'on portait à leur choix.

Le bois et la charpente

La charpenterie soulevait d'égales difficultés, amplifiées par le fait qu'on s'était livré à une déforestation sauvage aux Xe et XIe siècles. Le bois de haute futaie se faisait rare. Au XIIe siècle, Suger raconte complaisamment comment il découvre miraculeusement dans la forêt d'Yveline les bois destinés à la charpente de Saint-Denis, alors qu'on lui avait dit qu'ils étaient introuvables ; l'anecdote n'a rien d'invraisemblable. Souverains, seigneurs, évêques, abbés se sont lancés dans une politique concertée pour entretenir leurs forêts et retrouver les bois indispensables à la construction. Les Cisterciens, cherchant à agrandir leurs possessions,

ont conduit là une action particulièrement attentive. On passe de l'anarchie à une véritable exploitation. Il n'empêche que les architectes, même au XIIIe siècle, se trouvaient gênés. Villard de Honnecourt en était suffisamment averti pour montrer comment construire un pont avec des bois de portée réduite.

Malgré le triomphe de la pierre, le bois demeurait un matériau indispensable. Il servait à la charpente, mais aussi aux échafaudages. Au milieu du XIVe siècle, pour la construction du château de Windsor, 3 944 arbres ont été nécessaires.

A la différence des carrières, les maîtres d'ouvrage possédaient généralement, du moins dans le Nord, de vastes ensembles forestiers. Leur souci était donc un meilleur rendement, un meilleur produit, le coût du transport restant élevé.

Le chantier de l'arche de Noé conduit par Noé «architecte», tel qu'il est représenté dans le livre d'heures du duc de Bedford au début du XVe siècle (au centre), offre la figuration singulière de la construction d'une maison en bois et la représentation très précise de tous les outils du charpentier. On les retrouve également sur une enluminure (ci-dessus), qui met en scène l'abattage des arbres pour la construction d'un pont en bois et d'une charpente.

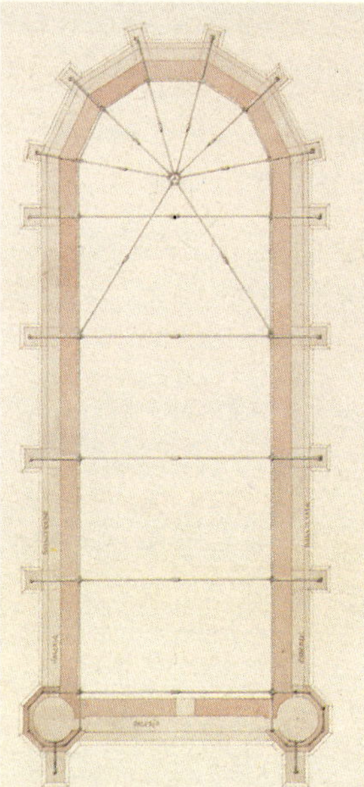

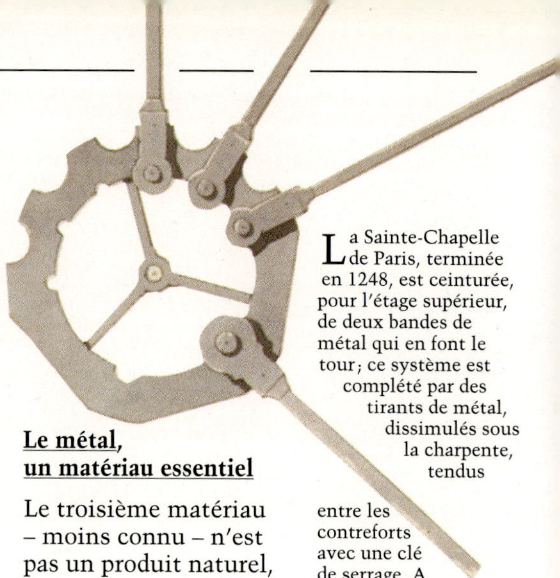

La Sainte-Chapelle de Paris, terminée en 1248, est ceinturée, pour l'étage supérieur, de deux bandes de métal qui en font le tour ; ce système est complété par des tirants de métal, dissimulés sous la charpente, tendus entre les contreforts avec une clé de serrage. A l'abside, une clé de métal reçoit les différents tirants. S'y ajoutent enfin des bandes longitudinales. Dans la chapelle basse, des tirants de métal lient entre eux colonnettes et murs extérieurs ; les ogives sont elles-mêmes renforcées dans l'abside par des barres de métal qui épousent leur forme. Lassus, l'architecte restaurateur du XIXe siècle, a pris soin de relever le plan de ce dispositif, et de donner le détail de la clé (ci-dessus).

Le métal, un matériau essentiel

Le troisième matériau – moins connu – n'est pas un produit naturel, mais créé par la main de l'homme : le métal. Sa maîtrise, de l'extraction dans la mine à la taille définitive de la pierre, n'est pas étrangère aux progrès de l'architecture. La qualité de la taille de la pierre et celle des outils – plus acérés, mieux trempés, dont l'usure est moins rapide – forment un binôme indissociable. Ici encore – il faut le souligner – les différences sont notables, suivant les régions, suivant les chantiers : la remise en cause des habitudes acquises ne s'est sans doute pas faite sans difficulté. L'apparition de la laie – marteau du tailleur –, au cours du XIIe siècle dans le Nord, a été vécue comme une révolution, dont certains tailleurs de pierre ont su tirer parti.

La qualité de la mise en œuvre de l'architecture des Cisterciens, à partir des années 1120-1130, est à mettre en relation avec leur avancée technologique. Ils ont accordé au métal – à la découverte du minerai et à son exploitation – une place privilégiée dans leurs préoccupations, comme en témoigne l'abbaye de Fontenay, dont la forge se trouve, non pas, comme on aurait pu légitimement s'y attendre, à l'extérieur, mais à l'intérieur de la clôture. Elle relevait donc de l'activité des religieux et non des convers. De cette attention résulte un progrès qui se constate dans bien d'autres domaines que celui de la construction, notamment dans l'agriculture.

Il est vraisemblable que cette expérience se répandit rapidement ; l'architecture gothique ne peut se comprendre autrement. Bien plus, le métal devient un élément essentiel dans l'architecture rayonnante : les monuments sont conçus bardés de fer, comme en témoigne, entre autres, la Sainte-Chapelle à Paris. Cette construction en pierre

Bien avant l'architecture rayonnante, le métal a déjà été utilisé de façon intensive par les architectes gothiques. Le plus ancien témoignage est celui de la cathédrale de Soissons, dans le bras sud du transept (vers 1170). Dans la collégiale de Saint-Quentin (ci contre), il s'agissait de tirants situés bien au-dessus du tas de charge et chargés de compenser la poussée des voûtes. Une clé de serrage située au centre permettait de tendre ou de détendre ces tirants qui jouaient ainsi un rôle tout aussi efficace que les arcs-boutants. Ils ont été supprimés à la fin du siècle dernier dans l'abside. Conservés dans la nef, ils ont réussi à préserver les voûtes lors des bombardements de la Première Guerre mondiale (la photographie ci-contre les met en évidence), seuls les voûtains se sont effondrés. Lors de la dernière restauration qui a suivi ce désastre, les tirants de la nef ont été à leur tour supprimés...

armée, qui évoque le béton armé du début du XXe siècle, exigeait un approvisionnement important, en métal et donc en minerai – on s'interroge encore sur l'origine de la matière première au XIIIe siècle. Au XVe siècle, de nombreux témoignages nous assurent que le métal était importé d'Espagne à des prix extrêmement élevés. En était-il de même au XIIIe siècle ? Il est difficile de trancher.

Les machines

La dernière question concernant la construction touche aux machines et à l'aide matérielle qu'elles apportent à l'homme. Le Moyen Age, ici comme ailleurs, a innové, et, même s'il a souvent retrouvé des exemples plus anciens, ses ingénieurs ont eu le mérite de les analyser, de les perfectionner, de les simplifier. Les machines, qui existaient déjà à l'époque antique où elles avaient fait l'objet d'études approfondies, devinrent indispensables au Moyen Age lorsque celui-ci se lança dans de vastes constructions, sans l'appui de l'esclavage. L'étude des

Mariano Taccola, né à Sienne en 1381, rédigea en 1449 un ouvrage, *De machinis libri decem*, dans lequel se trouvent reproduites nombre de machines. Pas plus que Léonard de Vinci il ne s'agit d'un inventeur mais d'un compilateur génial qui a le sens de l'image. Il donne en outre en légende l'explication des systèmes proposés avec une certaine naïveté : «Supposons qu'il s'agisse de hisser une cloche sur un clocher ou sur une tour au moyen d'un treuil ou d'un système de levage. Afin que la cloche soit soulevée avec plus de facilité, une caisse remplie de pierre se trouve de l'autre côté. Et tandis que la cloche monte, la caisse descend» (ci-contre).

techniques médiévales est rendue délicate par l'absence de textes, par l'existence d'une iconographie, certes riche mais répétitive. Rien ne nous assure que peintres, enlumineurs ou dessinateurs qui reproduisent un chantier se soient inspirés de la réalité du moment. Il s'y ajoute que nombre d'entre eux représentent la Tour de Babel qui appartient au mythe humain. L'image ne transcrit pas le moment de l'invention de la machine, elle est en décalage. Certes, il existe des documents qui sont une transcription volontaire de la réalité du moment : ils sont exceptionnels et permettent de mesurer la rapidité de l'évolution.

Moins de cent cinquante ans séparent la bataille de Hastings – et la broderie de Bayeux – des longues guerres que se livrent le Plantagenêt (Henri II, Richard II, Jean sans Terre) et le Capétien (Philippe Auguste). De la guerre des tranchées, au début du XXe siècle, à celle du Golfe en 1992, dont on sait la prodigieuse technicité, l'écart n'est pas supérieur.

Cette rupture, que l'on sent en permanence à l'étude du Moyen Age, est essentielle pour comprendre cette période.

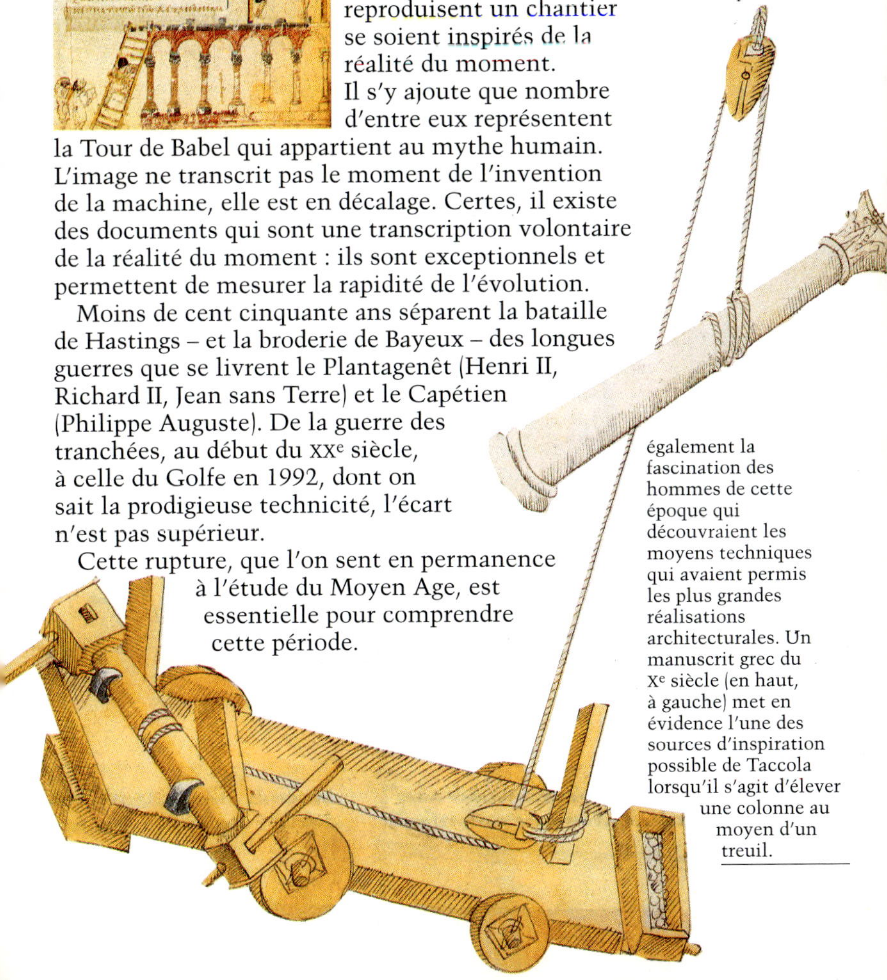

L'explication du charroi double, dit aussi grand fardier (ci-dessous), par Taccola relève d'une grande fantaisie. Il faut simplement reconnaître que ces engins, couramment utilisés, n'étaient pas compréhensibles par tous. Cela prouve également la fascination des hommes de cette époque qui découvraient les moyens techniques qui avaient permis les plus grandes réalisations architecturales. Un manuscrit grec du Xe siècle (en haut, à gauche) met en évidence l'une des sources d'inspiration possible de Taccola lorsqu'il s'agit d'élever une colonne au moyen d'un treuil.

De l'utilité de la guerre dans la construction

La mise en œuvre, lors des guerres, de moyens inconnus jusqu'alors a joué un rôle important tant dans l'ordre politique – on l'a souvent dit – que dans le domaine de l'architecture, par une recherche de rationalisation. A partir de la seconde moitié du XIIe siècle, on assiste à l'invention de machines destinées à assiéger villes ou forteresses. La plus grande innovation touche au trébuchet (perrière ou mangonneau) destiné à lancer des pierres au moyen d'un système de balancier. On a pu montrer grâce à des expériences qu'un trébuchet actionné par cinquante hommes et muni d'un contrepoids de 10 tonnes était capable de lancer une pierre de 100 à 150 kilos à une distance de 150 mètres, alors qu'une catapulte romaine lançait à 225 mètres une pierre de 20 à 25 kilos.

Le siège mené pendant plusieurs mois par Philippe Auguste devant Château-Gaillard, qui finit par tomber, est soutenu par une série d'actions dans laquelle les machines occupent une place importante, s'ajoutant à l'élément psychologique. C'est à la même époque que l'on voit apparaître les noms d'ingénieurs chargés de construire des machines de guerre dont la technicité exigeait des spécialistes de la charpente. On assiste à une réflexion qui aura des conséquences immédiates sur le monde civil.

La distinction entre machines de guerre et machines à usage civil n'est pas toujours facile à établir, les ingénieurs pouvant être les mêmes, étant au service des princes pour la guerre comme pour construire des ouvrages d'art. La construction de mantelets, «chariots blindés» en bois (en haut, à gauche), met en œuvre des techniques classiques de charpente.

Les grues et les échafaudages

La grue était d'un usage courant dans l'Antiquité. Vitruve, dont on sait qu'il était bien connu au Moyen Age, en donne une explication assez claire

sous le nom de «chèvre». Le Moyen Age va la perfectionner de façon assez sensible pour la transformer en grue, grâce à l'utilisation, notamment, du contrepoids et de la double poulie. On la pose à même le sol lorsque la hauteur des bâtiments le permet, sinon sur une plate-forme. La facilité de fabrication – montage et démontage – n'exige qu'un nombre réduit de servants. Ajoutons que certaines grues sont pivotantes, que le porte-à-faux de la flèche peut atteindre 3 mètres et que les poulies, assemblées pour former des palans, démultiplient par là même l'efficacité. Pour les actionner, il existe plusieurs moyens, le plus simple étant la manœuvre du treuil, dont la puissance est forcément limitée. C'est alors qu'intervient l'écureuil, également connu de l'Antiquité. Il est actionné par deux hommes qui assurent sa rotation en marchant dans la roue. On a calculé qu'avec un diamètre de 2,50 mètres, un homme peut faire monter un poids de 550 à 600 kilos. Ici encore les techniciens du Moyen Age se sont montrés inventifs, amplifiant de façon considérable

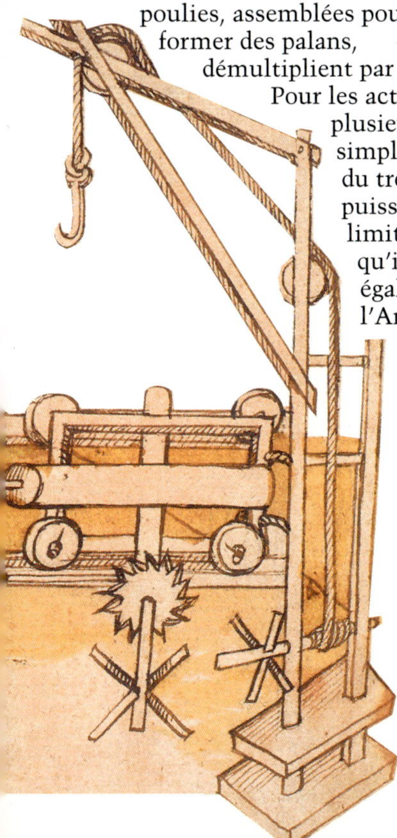

Conrad Kyeser, ingénieur du roi Sigismond, rédige à la fin du XIVe siècle un ouvrage, *De Bellifortis*, illustré de machines particulièrement sophistiquées, comme celle-ci (au centre), qui utilise en même temps une grue et un banc horizontal. Inspirée d'une machine militaire, elle est destinée à forer des troncs pour fabriquer des canalisations. De même, la combinaison élaborée de l'écureuil et de la grue (ci-dessus) est sans doute liée aux progrès de l'art militaire dans la seconde moitié du XIIe siècle.

le diamètre, jusqu'à atteindre 8 mètres, doublant les roues, augmentant le nombre d'ouvriers.

La fabrication des écureuils était également assez simple, aussi s'explique-t-on qu'ils aient été montés au-dessus des voûtes d'édifices qui les conservent encore : Beauvais, Châlons-sur-Marne, églises d'Alsace. On n'hésitait pas à les y déplacer, les adaptant à leur nouveau rôle : celui de la cathédrale de Châlons-sur-Marne, à l'origine sur la première ferme ouest de la nef, au-dessus de l'oculus de la voûte, a été réduit pour être transféré au-dessus du bras nord du transept. L'utilisation de ces machines de levage a eu une conséquence très importante sur les échafaudages. A l'époque romane, l'échafaudage était lourd, partant de fond – du sol – et encastré dans la maçonnerie par des perches horizontales. Il était destiné à monter les voûtes lorsque le monument était couvert de pierre. Les planches posées sur ces éléments verticaux et horizontaux servaient à la fois de surface de travail pour le maçon, mais aussi de lieux de pose de matériaux. La structure de

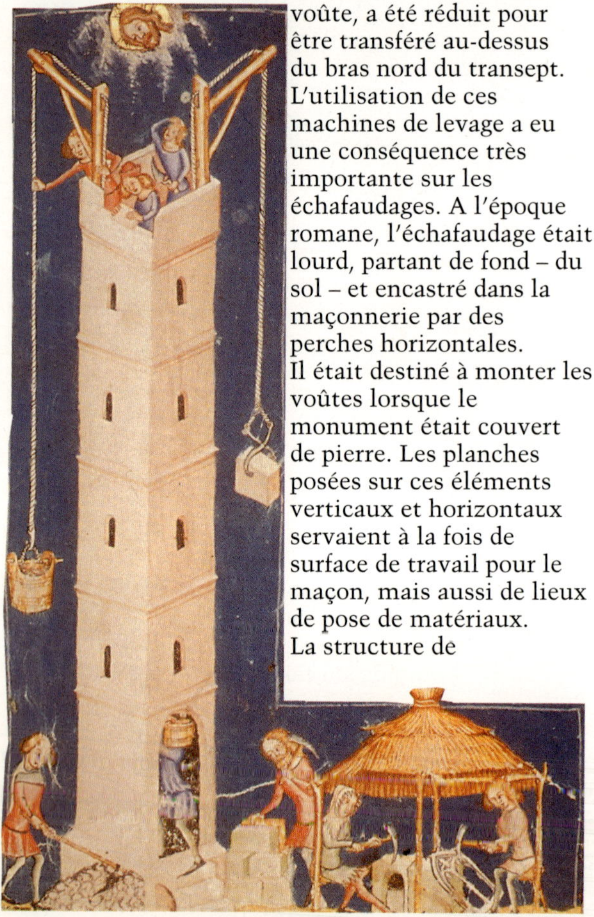

Les systèmes de levage étaient, comme dans l'Antiquité, particulièrement simples : la grue et l'écureuil. Pour la première (à gauche), lorsque le poids n'était pas excessif, un simple crochet se révélait suffisant ; pour le second (à droite), employé pour des masses plus pondéreuses, on avait recours à la griffe. L'enlumineur de cette *Chronique du Monde* (à gauche) n'a pas pris soin de figurer la corde qui en principe aurait dû être tirée du bas, et non pas du haut de la tour… L'écureuil (page de droite), facile à construire, pouvait être démonté et remonté au fur et à mesure de la construction pour aboutir dans les combles où il en subsiste un certain nombre, dont celui de Salisbury, datant du XIVe siècle, qui fonctionne toujours.

l'échafaudage devait donc être très solide, son accès se faisant par des échelles de bois mobiles, pour les maçons et pour les porteurs de pierres et de mortier.

Le vide plutôt que le plein

La naissance de l'architecture gothique est liée à l'arrivée de machines de levage permettant de monter directement les matériaux sur le mur.

Philippe FIX

Cette illustration moderne de la construction d'une cathédrale donne une image fidèle de la réalité d'un chantier gothique : ampleur et hauteur de l'édifice, mais aussi diversité du chantier, entrepris en différents lieux, comme les travaux réalisés dans la crypte occidentale (en bas, à droite). Il permet de saisir dans une vision synthétique toutes les étapes de la construction, depuis le chœur vers la façade, depuis les fondations jusqu'à la couverture. Seule entorse à l'exactitude, le couvrement du vaisseau central et du collatéral sud par des voûtes d'ogives n'était en fait lancé qu'après la mise à l'abri sous charpente.

C'est un bouleversement considérable. L'échafaudage n'est plus surface de pose, mais plate-forme de travail du seul maçon. Il s'allège donc de façon assez sensible. On redécouvre l'échafaudage en bascule, c'est-à-dire qui ne part plus du fond, mais se trouve accroché dans le mur. L'accès aux niveaux de travail était facilité par la présence d'escaliers en vis que l'architecte construisait en premier, afin de faciliter la circulation verticale des hommes de chantier. Quant à la circulation horizontale, elle était parfois assurée par des coursières, passages ménagés dans l'épaisseur du mur. La construction des voûtes d'ogives ne demandait pas des échafaudages de pied, c'est-à-dire posés au sol, mais lancés de mur à mur, qui offraient des surfaces de travail particulièrement larges et qui facilitaient le maniement des lourds cintres de bois. Enfin, dernier progrès, ils étaient aisément démontables et donc réutilisables au gré des besoins et de l'avancement du chantier.

«Il n'y aura jamais de construction noble si l'architecte est ignoble»

Cette haute technicité ne se rencontre que sur les grands chantiers des cathédrales, des grandes abbatiales, des monuments civils importants. Pour les ouvrages moins ambitieux, il en allait tout autrement : les techniques de construction étaient restées traditionnelles, dans l'utilisation de la pierre, comme dans sa mise en œuvre. Le décalage

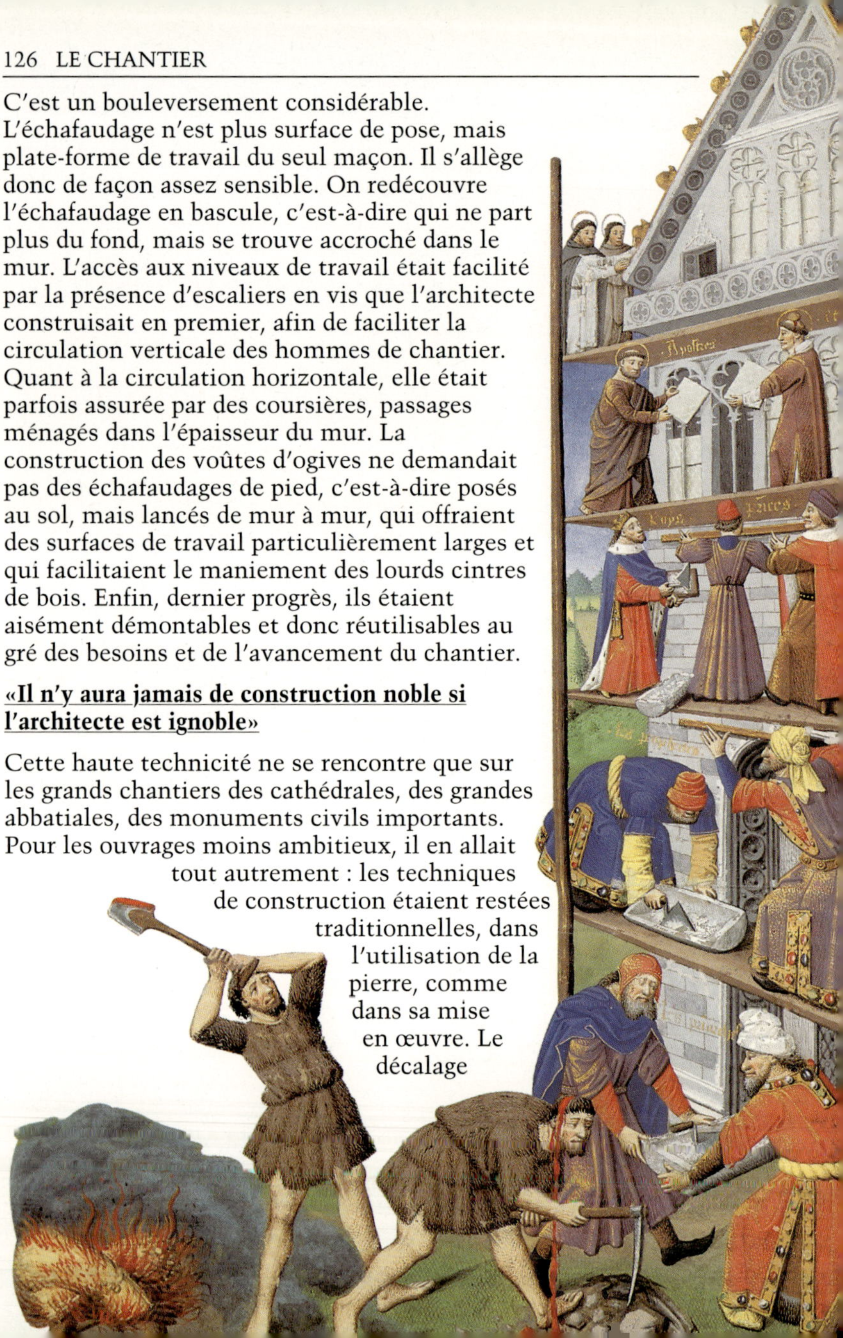

entre la cathédrale et l'église de village se retrouve aujourd'hui : il est le même que celui qui sépare l'Arche de La Défense des pavillons sur catalogue. Ne pas en tenir compte, c'est courir le risque de graves erreurs d'appréciation.

La question de l'échafaudage a été particulièrement sensible pour les architectes gothiques qui ont cherché à le simplifier et à le réduire (ci-dessous, la construction d'une abbaye au XVe siècle).

L'architecte du Moyen Age ressemble étrangement à celui de la Renaissance, de l'époque classique, du monde moderne. Strictement lié au maître d'ouvrage qui le choisit, il cherche à trouver des solutions à l'ambition de celui-ci. Isolé, il reste un homme d'imagination. Son génie s'épanouit le jour où il rencontre le maître d'ouvrage qui l'oblige à concrétiser sa pensée, à la réaliser. L'architecture naît de ce binôme : un maître d'ouvrage, un maître d'œuvre.

Pour symboliser ce que représente l'Eglise, c'est-à-dire la communauté des chrétiens, un artiste du XVe siècle a figuré les patriarches, les prophètes, les rois et les princes, les apôtres, les martyrs et les confesseurs à la construction de l'*église* (au centre). Chacun d'entre eux tient un outil précis. On assiste même, au quatrième niveau, à la pose des vitraux.

TÉMOIGNAGES ET DOCUMENTS

L'analyse attentive des monuments du Moyen Age ne permet guère d'y déceler les techniques mises en œuvre, ni l'organisation du chantier. Il est indispensable de faire appel aux images – généralement tardives, parfois stéréotypées – et surtout aux documents. Nombreux, mais parfois difficiles, ils ont été jusqu'à présent peu exploités et rarement traduits en français moderne. M. Philippe Moreau s'est chargé de traduire du latin, M. Hugues Pradier d'adapter du vieux français.

L'église de Cambronne, la cathédrale de Beauvais (en coupe) et l'Arche de la Défense, à la même échelle.

L'architecte

Au début du XIe siècle, les maîtres d'ouvrage – religieux ou civils – ne trouvent pas les architectes capables de réaliser leur rêve de grandeur : il est nécessaire de les former. Lorsque ces maîtres d'œuvre le seront, au cours de la seconde génération, ils feront l'objet de profondes jalousies.

Les enluminures médiévales traduisent la position privilégiée de l'architecte au sein de la société; il est représenté tenant une règle, un compas ou une équerre.

Travaux de l'abbé Thierry, successeur d'Airard, à Saint-Remi de Reims (Anselme, «Historia», 1039)

L'abbé Airard se lance dans une construction gigantesque, exceptionnelle pour l'époque, si exceptionnelle qu'il ne peut la mener à bien. Son successeur, Thierry, décide de la détruire pour une construction plus adaptée aux réalités du moment.

En l'année 1005, Airard, entraîné par l'exemple d'un grand nombre de prélats illustres de son temps, résolut de renouveler l'église dont il avait la garde. Il fit venir des architectes en renom, et commença, à partir des fondations, un édifice en pierres de taille, beaucoup plus soigné et plus somptueux que ceux qu'on élevait alors en France, mais dont, pour ce motif, ni lui, ni ses contemporains ne pouvaient voir l'achèvement. Après avoir rempli ses fonctions d'abbé pendant vingt-huit ans environ, il mourut, accablé de vieillesse, sans avoir pu terminer son œuvre.

Après sa mort, Thierry, son successeur, voulut achever son entreprise; mais la tâche était si lourde qu'il lui parut impossible de la mener à bonne fin. Il prit donc conseil des plus sages parmi les moines qui étaient sous sa dépendance et des personnages les plus respectables de la province de Reims; sur leur avis, il se décida à détruire en partie l'édifice commencé par son prédécesseur, en respectant quelques fondations dont la conservation sembla nécessaire aux architectes; puis il se mit à élever une église d'une construction plus simple mais tout aussi convenable.

Ce fut la cinquième année de sa promotion à la dignité d'abbé, vers 1039, qu'il entreprit cette œuvre. Laïcs et ecclésiastiques lui prêtèrent à l'envi leur concours; plusieurs membres du clergé employèrent d'eux-mêmes leurs chariots et leurs bœufs au transport des matériaux. On établit des fondations dans les endroits où il n'y en avait pas encore, on mit en état les colonnes du premier édifice détruit, on éleva sur elles des arceaux cintrés avec soin, et la basilique commença à prendre figure entre les mains des constructeurs. Puis, lorsque les murs des galeries furent bâtis de toutes parts et que le faîte de la nef eut atteint une plus grande hauteur, on rasa de fond en comble la vieille église dédiée jadis par Hincmar, et l'on couvrit d'un toit provisoire le chœur des moines, afin qu'ils pussent vaquer aux offices divins sans être exposés aux intempéries.

Sur ces entrafaites, en 1045, l'abbé Thierry mourut prématurément, après avoir gouverné son monastère pendant onze ans et huit mois. Hérimar, qui lui succéda, avait été prévôt de l'abbaye; il avait été déjà, en cette qualité, l'un des collaborateurs les plus zélés de Thierry dans la construction de l'église, et lui avait fourni de nombreux subsides sur le revenu des domaines confiés à son administration. Il ne laissa donc pas longtemps en suspens l'œuvre de son prédécesseur; il fit achever l'aile droite du transept, déjà fort avancée, et l'aile gauche qui n'avait encore que des fondations, ainsi que les escaliers donnant accès aux parties supérieures. Enfin, à l'aide de poutres amenées de la forêt voisine de l'abbaye d'Orbais, il éleva une charpente sur l'édifice qui fut, dès lors, terminé dans toutes ses parties.

Publié par V. Mortet, in *Recueil*…
(cf. Bibliographie)

Construction de la tour d'Ivry en 1094 (Orderic Vital, «Historia ecclesiastica», 1133-1137)

Du danger auquel s'expose le génie : Lanfroi, architecte de la tour d'Ivry-la-Bataille, près d'Evreux, est mis à mort.

Cette forteresse d'Ivry est à coup sûr une tour célèbre, énorme et très bien protégée, que fit construire Aubrée, épouse de Raoul, comte de Bayeux, et qu'Hugues, évêque de Bayeux, frère de Jean, archevêque de Rouen, occupa longtemps face aux ducs de Normandie. On raconte que la susdite dame, pour empêcher qu'il ne bâtit ailleurs un semblable édifice, avait fait décapiter l'architecte Lanfroi, qui avait assumé la maîtrise de cet ouvrage après la construction de la tour de Pithiviers, et dont le talent dépassait en réputation celui de tous les artisans existant alors en France. Finalement, elle fut elle aussi mise à mort à cause de cette même forteresse, par son mari, parce qu'elle essaya de le tenir à l'écart de cette place forte.

Publié par V. Mortet,
in *Recueil*…
(cf. Bibliographie), trad. P. M.

Construction de la cathédrale de Salisbury par l'évêque Roger (Guillaume de Malmesbury, «De gestis regum anglorum», 1107)

Roger, évêque de Salisbury, et Normand d'origine, importe en Angleterre la technique de son pays.

L'évêque était généreux et ne regardait jamais à la dépense quand il décidait ce qu'il devait faire, surtout quand il menait à bien la construction de bâtiments : ce que l'on peut constater en divers endroits, mais surtout à Salisbury et à Malmesbury. En effet, il fit bâtir à Malmesbury des édifices de grandes dimensions, somptueux par les dépenses engagées, de très belle apparence, dont l'appareillage avait été réalisé avec une telle précision que l'ajustement des pierres frappait le regard et donnait l'illusion que toute la maçonnerie ne constituait qu'une seule et unique pierre. Quant à l'église de Salisbury, il la fit rénover et enrichir d'une décoration telle qu'elle ne le cède à aucune autre en Angleterre et en devance beaucoup, et qu'il puisse dire lui-même à Dieu sans mentir : «Seigneur, j'ai aimé la beauté de ta demeure.»

Publié par V. Mortet, in *Recueil*… (cf. Bibliographie), trad. P. M.

De la beauté des constructions entreprises par l'évêque Roger de Salisbury («Henrici Huntendunensis historia Anglorum», 1139)

Le roi Etienne, après les avoir accueillis paisiblement, fit saisir par la force à sa cour Roger, évêque de Salisbury, et Alexandre, évêque de Lincoln, neveu de celui-ci... et les conduisit avec lui dans un château de Roger appelé Devizes, qu'aucun autre en Europe ne dépassait en splendeur. De cette manière il s'appropria le château par la force, oubliant les bienfaits qu'au début de son règne il avait accumulés sur sa tête plus que sur tout autre... De la même façon il s'empara de Sherborne, qui le cédait à peine en beauté à Devizes.

Publié par V. Mortet, in *Recueil*… (cf. Bibliographie), trad. P. M.

Contrat d'embauche du maître d'œuvre Gautier de Varinfroy pour la cathédrale de Meaux (1253)

Très tôt, maîtres d'ouvrage et maîtres d'œuvre se lient par des contrats qui deviennent courants au XIIIe siècle.

L'évêque, le doyen et le chapitre de Meaux adressent à tous ceux qui liront cette lettre une salutation dans le Seigneur. Nous annonçons que nous avons confié au maître Gautier de Varinfroy du diocèse de Meaux l'exécution de l'œuvre du chantier de notre église sous les conditions suivantes : il doit recevoir dix livres chaque année, aussi longtemps que nous-mêmes, nos successeurs et le dit chapitre le laisseront travailler sur le dit chantier. S'il devait advenir qu'il tombât longuement et continuellement malade au point de ne plus pouvoir travailler, il ne doit pas recevoir les dites dix livres. Il doit aussi recevoir trois sous par jour de travail sur le chantier, ou lorsqu'il est envoyé pour des services rendus au chantier; de même, il ne pourra accepter aucun travail en dehors du diocèse sans

Le chœur de l'église des Hospices d'Esslingen, par Hans Böblinger.

Élévation de l'escalier en colimaçon de la cathédrale de Constance.

notre permission. De plus, il recevra le bois du chantier inutilisable pour ce dernier. Il n'aura pas le droit de se rendre sur le chantier d'Evreux ou sur un autre chantier en dehors de Meaux ou d'y rester plus de deux mois sans la permission du chapitre de Meaux. Il sera tenu d'habiter dans la ville de Meaux et il a juré qu'il travaillera fidèlement sur le chantier ci-dessus nommé et restera fidèle au chantier. Etabli en l'année de Notre Seigneur 1253, au mois d'octobre.

Cité par Peter Kurmann, in *Les Bâtisseurs des cathédrales gothiques* (cf. Bibliographie)

Fortification d'Ardres par Baudoin, comte de Guines, le rôle de maître Simon et les ouvriers sur le chantier (1200-1201)

Le problème du professionnalisme se pose pour les architectes, dès que la demande d'architectes spécialisés se fait jour.

Baudoin, comte de Guines, avec les siens, et Reynaud, comte de Boulogne, multipliaient les embuscades les uns contre les autres. Arnoul de Guines voyait son père Baudoin, comte de Guines, fortifier et réparer tous ses châteaux et toutes ses forteresses qui étaient pourtant fort bien défendues. Alors, sur les conseils de son père et aussi de ses vassaux et de ses bourgeois de la place forte (*oppidum*) d'Ardres, parce que sa terre d'Ardres était située au milieu de la terre de Guines et parce que, en train de devenir plus riche que les autres châteaux et forteresses de la terre de Guines, cette terre excitait l'envie des ennemis […], Arnoul de Guines résolut de fortifier Ardres à l'imitation de l'enceinte (*fossatum*) qui protégeait Saint-Omer : il l'entoura d'une enceinte telle que les bras n'en avaient jamais exécuté et les yeux n'en avaient jamais vu de pareille dans la terre de Guines. Des ouvriers furent donc réunis en grand nombre pour faire et creuser le fossé [...]. Le géomètre, maître Simon, conducteur de l'œuvre, marchant selon l'usage avec sa règle magistrale, mesurait ici et là l'ouvrage déjà conçu dans son esprit, moins avec sa règle qu'à vue d'œil. Il faisait tomber des maisons et des granges; il abattait des vergers, des arbres à fleurs et des arbres fruitiers; il condamnait à disparaître les emplacements disposés jadis [...] à grands frais pour les besoins des gens de passage; il défonçait les jardins de légumes et de lin; il détruisait et foulait les champs pour établir des chemins. Il ne se préoccupait ni de ceux qui s'indignaient et gémissaient tout haut, ni de ceux qui maugréaient en silence contre lui. Les paysans, fournis de moufles et de chaperons, amenaient, avec des voitures à transporter la marne et avec des chariots à fumier, des galets pour les étendre sur le chemin [...]. On voyait travailler les fossoyeurs avec leurs houes, les bêcheurs avec leurs bêches, les pionniers avec leurs pics, les défonceurs avec leurs maillets, les terrassiers et les dresseurs avec leurs tranchoirs, les ouvriers travaillant aux parements et aux retranchements, les niveleurs (?), les batteurs (chargés de tasser le sol), chacun avec les équipements et les instruments qui leur convenaient et qui leur étaient nécessaires, et également les chargeurs et les porteurs ou bien les gazonneurs avec des mottes de gazon allongées qu'ils étaient allés couper et arracher dans des prés sur ordre de leurs maîtres. Les sergents et les agents seigneuriaux, armés de bâtons noueux, tantôt interpellaient les ouvriers, tantôt les poussaient à exécuter l'ouvrage, conformément à ce que les maîtres d'œuvre, qui allaient devant, avaient préparé avec soin.

Cité par G. Fournier, in
Le Château dans la France médiévale
(cf. Bibliographie)

Fixation des salaires du maître de l'œuvre et de plusieurs ouvriers de la cathédrale de Troyes (1365)

On établit de façon précise le salaire de l'architecte.

Le samedi douzième jour de juillet, l'an 1365, en notre chapitre, étant présents et siégeant monsieur le doyen, l'archidiadre de Sainte-Margerie, l'archidiacre d'Arceix, maître Hémart de Saint-Oulf, maître Renaut de Laingres... entre maître Thomas, maçon de l'œuvre de l'église de Troyes et maître de ladite œuvre, et lesdits doyen et chapitre, a été conclu accord et traité sur le salaire des journées que ledit maître Thomas passera au travail dans ladite œuvre, de la manière qui suit : ledit maître Thomas gagnera pour chaque jour ouvré sur ce chantier, depuis ce jour jusqu'au jour de la prochaine Saint-Remi, trois gros et demi; depuis ledit jour de la Saint-Remi jusqu'au jour de Pâques qui suivra, pour chaque jour ouvré sur ce chantier, il gagnera trois gros tournois; et au-delà, tant qu'il travaillera à ce chantier, il sera payé chaque jour dans les conditions et de la manière dites. A condition que le logement de ladite œuvre, qui lui a été octroyé aussi longtemps qu'il a été maître maçon de ladite œuvre, et l'habillement qu'il doit recevoir chaque année [lui soient effectivement donnés], ledit maître Thomas a juré sur les saints évangiles de Dieu qu'il tiendra et considérera comme ferme et bien établi cedit accord et traité aussi longtemps qu'il sera en ladite œuvre; qu'il travaillera et s'emploiera à ladite œuvre correctement, loyalement et avec diligence; et qu'il ne prendra aucune autre œuvre, en la ville de Troyes ou ailleurs, sans avoir obtenu la permission desdits doyen et chapitre.

Arbois de Jubainville, in *Bibliothèque de l'Ecole des Chartes*, 1862, adaptation H. P.

Marché pour un projet de portail pour le cloître de l'hôpital Saint-Jacques-aux-Pèlerins à Paris (26 janvier 1473)

Le marché passé par les maîtres et gouverneurs de l'hôpital Saint-Jacques-aux-Pèlerins, à Paris, est d'une remarquable précision. Le dessin du portail commandé est en outre joint au texte.

Guillaume Monnin, maçon tailleur de pierre demeurant à Paris, rue de Chartron devant le cimetière Saint-Jean, à l'enseigne des mauvais garçons, confesse avoir fait marché et convenant à honorables hommes sire Jehan Chenart, garde de la monnaie pour le roi notre sire, Guillaume Le Jay, Nicolas Feret et Jehan de Crevecuer, comme maîtres et gouverneurs des églises, hôpital et confrairie Saint-Jacques-de-l'Ospital à Paris, en la grande rue Saint-Denis, de faire de son métier de tailleur de pierre un portail de pierre de taille de la pierre d'Ivry, pour servir à l'huis de l'entrée de la grande cour de ladite église sur la rue de Mauconseil, qui sera de neuf pieds ou environ de large sur onze pieds de haut ou environ, de dix-neuf à vingt pouces d'épaisseur, tout de bonne pierre tirée de saison, et quérir et livrer ladite pierre, la taille de celle-ci et asseoir ledit portail à ses dépens, depuis le rez-de-chaussée et un pied pour la première assiette au dessus du dit rez-de-chaussée; lesdits maîtres lui livreront le plâtre, et dès que les fondements seront suffisants, de se rendre prêt dans la semaine. Ce marché fait parmi le prix de trente-sept livres tournois, monnaie courante, etc. que lesdits maîtres lui seront tenus de payer, qu'il fera lesdits ouvrages qu'il promet de faire selon le dessin ci-dessus contenu.

Cité par Philippe Lorentz, in *Les Bâtisseurs des cathédrales gothiques* (cf. Bibliographie)

Dessin du portail du cloître de l'hôpital Saint-Jacques-aux-Pèlerins, joint au marché du 26 janvier 1473.

Le Chantier

La réalité du chantier, si souvent représenté dans les enluminures de la fin du Moyen Age, nous échappe en grande partie. Rares sont les documents – comptables ou littéraires – qui ressuscitent ce monde riche, vivant et varié. Le bâtiment exige le regroupement d'hommes, professionnels pour beaucoup, qui réussissent des constructions exemplaires.

Construction du château de Noyers («Gesta pontificum Autissiodorensium», 1106-1206)

L'auteur des Actes des évêques d'Auxerre *entre dans les détails les plus précis de la construction d'un château.*

Nous avons estimé utile de décrire les travaux que Hugues de Noyers a faits au château de Noyers (*castrum*), qui appartient à son patrimoine et qui a été célèbre du fait de ses ancêtres […], les efforts qu'il a consacrés à l'amélioration de la fortification de cette place et les dépenses considérables qu'il y a faites. En effet, au sommet des murs du bourg inférieur, qui est situé à la base de la montagne et que la rivière appelée Serein baigne de toutes parts, il construisit en maçonnerie ou en bois très robuste de solides dispositifs de tir. Sur le versant de la montagne au-dessus du bourg, quoique de ce côté le château (*castrum*) ait été inaccessible en raison de la nature du site, il aménagea de très grands fossés creusés dans le rocher de la montagne, ainsi que des portes fortifiées. Plus haut, au sommet de la montagne sur lequel est située la partie centrale de la forteresse (*presidium*), une grande surface fut aménagée pour faire un emplacement propre à installer des machines; outre les anciens murs du château (*munitio*), dont l'un, celui qui était à l'extérieur, était solide (il avait été construit par le frère de l'évêque Clérembaud, peu de temps avant sa mort), il éleva, à l'arrière du mur intérieur, un autre mur plus haut, plus épais et plus solide, au milieu duquel il érigea une solide tour (*turris*). Le long du mur extérieur, il fit des fossés abrupts, en creusant le rocher et il aménagea en

Sceau de la loge des tailleurs de pierre de Strasbourg au XVIe siècle.

Sur le chantier, la coordination des tâches des différents corps de métiers est primordiale.

avant d'autres entailles dans la montagne de manière à tenir ainsi les ennemis éloignés de la partie principale de la forteresse (*presidium*) par de nombreux obstacles et barrages. Il fit, sur le mur extérieur, des organes saillants et faisant corps avec lui, dont la partie supérieure était couverte par des poutres d'une grande solidité : ainsi, ceux qui s'y installeraient ne craindraient ni les coups des projectiles, aussi forts qu'ils fussent, ni les machines de jet ou tout autre tentative des ennemis; mais, à l'abri, ils interdiraient aux assaillants venant d'en face l'accès des fossés situés en retrait, ainsi que celui du mur auquel ces constructions étaient reliées [...]. Hors de l'enceinte de la partie principale de la forteresse (*presidium principale*), il construisit un palais (*palatium*) d'une grande beauté, qui complétait la défense de la partie principale de la forteresse (*presidium munitionis*), c'est-à-dire une agréable résidence seigneuriale, qu'il décora avec de nombreux ornements et avec goût. Il fit des galeries souterraines conduisant du cellier à vin, – qui était installé sous la tour (*turris principalis*), – au palais situé plus bas, afin que, pour se procurer du vin et d'autres vivres, il ne soit pas nécessaire d'entrer dans la partie principale de la forteresse ou d'en sortir : tandis que les vivres étaient descendus à l'aide de corbeilles au bas du mur de la partie centrale de la forteresse, le vin et l'eau [étaient amenés], avec grande précaution, par le moyen de tuyaux de plomb faits avec une grande habileté : ainsi, les vivres qui avaient été rassemblés pour la garnison du château y étaient conservés sous bonne garde et en toute sûreté et, après verrouillage à l'aide de barres pour écarter toute menace, ils pouvaient servir, par cet artifice, à satisfaire tous les besoins, à la demande. En outre, il équipa de manière remarquable la partie principale de la forteresse (*presidium*) en armes, machines de guerre et autres engins nécessaires à la défense. Il acheta, pour une somme élevée, les maisons des chevaliers et les autres maisons qui étaient enfermées dans l'enceinte de la forteresse (*munitio*) supérieure et il en rétrocéda la propriété à son neveu : ainsi, tant dans cette partie de la forteresse que dans le corps de logis du palais, par mesure de prudence, la venue de ceux qui voudraient voir le seigneur dans son palais (*palatium*), situé hors de l'enceinte de la partie principale de la forteresse (*principale presidium*), ne risquait pas d'éveiller les soupçons et, par suite de

Dans de nombreuses régions, comme ici dans le Hainaut, la rareté de la bonne pierre obligeait à construire en briques.

l'exclusion de tout habitant étranger en période de danger, le seigneur du château n'était plus contraint de laisser pénétrer un homme à l'intérieur de l'enceinte supérieure (*infra septa superiora*) s'il n'était pas pleinement sûr de sa fidélité. Pour cette raison également, il installa l'église paroissiale de la place (*municipium*) hors de l'enceinte (*extra septa*), n'autorisant l'existence que d'une chapelle seigneuriale dans les parties supérieures [de la forteresse] […]. Il géra ce château avec beaucoup de générosité et de mérite jusqu'à ce que son neveu fût majeur; résistant avec autorité aux usurpations et aux attaques des seigneurs d'alentour, il repoussa les prétentions de ceux qui, en grand nombre, commettaient des vols aux dépens de la terre dont il avait la tutelle, avec des arguments suffisants, de sorte qu'il apparaissait redoutable à tous ceux qui étaient dans sa zone d'influence : il brisa, avec autant de prudence, les tentatives fréquemment menées par le duc de Bourgogne et par d'autres princes contre lui-même ou contre son château.

Publié par Mortet, *Recueil*…
cité par G. Fournier, in *Le Château*…
(cf. Bibliographie)

Comptes des travaux faits au collège de Beauvais par les exécuteurs testamentaires de Jean de Dormans (1387)

Ce document évoque parfaitement la vie du chantier au jour le jour : publicité du devis ou appel d'offres, rendez-vous de chantier, indemnisation des ouvriers en nature…

Item, pour mettre en application et à exécution ladite décision et l'ordre de nosdits seigneurs, peu de temps après, ledit maître Raymon [du Temple] fit et devisa un rapport relatif à la forme, aux matériaux, à la façon et à l'épaisseur dudit édifice, et il la fit copier par son clerc, afin que l'ouvrage et le devis soient connus de tous les ouvriers solvables et compétents qui voudraient faire et mener à bien cet ouvrage à plus bas prix; ce rapport fut apporté en place de Grève, vu et lu dans son ensemble en présence de tous les ouvriers, et cela bien que, avant que ledit rapport soit ainsi lu et montré…, l'on travaillât et maçonnât déjà audit ouvrage, de manière diligente et suivie; plusieurs ouvriers maçons, ayant vu ce rapport et en ayant pris connaissance, vinrent pour obtenir ledit ouvrage, et ils firent plusieurs fois des rabais sur le premier prix; néanmoins, après de nombreux échanges et débats, ledit marché, pour ses meilleurs et plus grands profit et utilité, selon l'avis et la décision dudit maître Raymon, fut et demeura aux premiers maçons sur le prix desquels on avait fait des rabais et qui travaillaient quotidiennement, en attendant ceux qui voudraient conclure ledit marché pour un moindre prix, comme il a été dit; il s'agit de Jehan le Soudoier et de Michel Salmon, maçons et tailleurs de pierre, demeurant à Paris, compétents et solvables, qui avant cela avaient travaillé et contribué à la construction de la chapelle dudit collège; le marché demeura donc auxdits maçons pour le prix et la teneur dudit rapport et sous certaines conditions déterminées à ce propos au Châtelet de Paris et dont la teneur suit…

Jehan Soudoier, tailleur de pierre, et Michel Salmon, maçon, … reconnaissent avoir passé un marché et un accord, chacun pour l'ensemble, avec honorable et sage personne maître Gilles d'Appremont, maître du collège des écoliers de Dormans, etc., pour faire

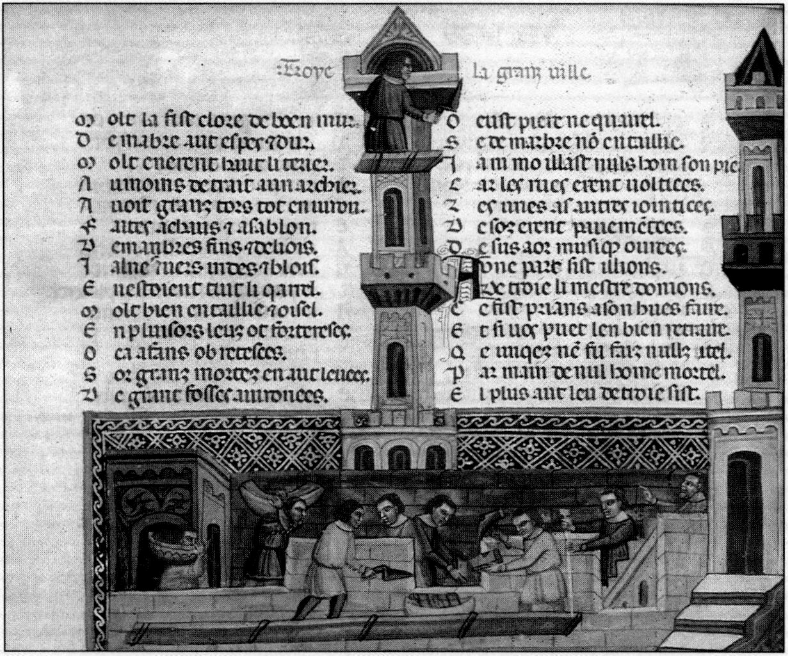

La «Reconstruction de Troie» est l'un des thèmes favoris des enlumineurs.

dans les formes, de la manière, au lieu et en la place ci-dessus indiqués, en l'hôtel desdits écoliers, la taille et la maçonnerie du corps d'une maison…, pour le prix de vingt-trois sols par toise de travail… 1387, le samedi septième jour de septembre. […]

Jeudi, fête de Notre-Dame à la mi-août… Jeudi, fête de la Décollation de saint Jean, maître Raymon vint en l'atelier et vit les maçons, les piqueurs et les autres…; il toisa et mesura tous les déblais depuis le fond jusqu'au rez-de-chaussée, et fit écrire un total de quatre vingt-trois toises carrées au prix de sept sols la toise, valant vingt-neuf livres et huit sols.

Parce qu'il arrivait alors des pierres de Gentilly, par plusieurs charrettes et en abondance, on n'avait guère le temps de bien les examiner; on désigna un pauvre tailleur de pierres, qui était toujours à l'atelier, pour qu'il vérifie s'ils étaient satisfaisants et, pour ce travail, on lui donna, par faveur,… quatre sols.

Lundi quatorzième jour d'octobre, maître Raymon vint à l'atelier et, tout ce qui avait été fait jusqu'alors ayant été vu et examiné par lui, il fut ordonné que l'on abattrait la maison qui fut à maître Jehan Audant. Ledit lundi, le voyer de M. de Paris, sur la terre duquel le présent édifice est bâti, vint à l'atelier, en présence de maître Raymon, et, pour l'alignement et les droits de ladite voierie, par ordre dudit maître Raymon, il lui fut payé vingt sols.

A l'époque de cet ouvrage, en été, alors que les jours étaient longs, qu'il faisait chaud, et qu'on apportait des pierres de la chaux, du sable et d'autres matériaux, il convenait, pour éviter des récriminations, de donner plusieurs fois à boire à ceux qui travaillaient.

Vendredi dix-huitième jour d'octobre, ce fut la fête de saint Luc et, bien qu'en ce jour, selon le commandement de l'Eglise, l'on cessât de travailler,… l'on mit néanmoins l'atelier à la tâche…

Il est à savoir que, une journée parmi d'autres, tandis que l'on exécutait les fondations desdits murs, les gelées approchant et la saison où l'on peut faire de la maçonnerie tirant à sa fin, comme les maçons allaient déjeuner, certains d'entre eux demandèrent et prièrent que, tandis qu'ils prendraient leur heure pour le repas, les piqueurs continuent à travailler. Lesquels piqueurs… voulaient avoir leur heure de la même manière. Aussi donna-t-on à boire et à manger auxdits piqueurs sur la fosse même, afin qu'ils travaillent sans interruption; pour cela… quatre sols.

Le jour du Carême, alors que les maçons et les manœuvres étaient à l'atelier, ils demandèrent tous ensemble que, selon ce qui est d'usage dans les ateliers où l'on travaille de façon permanente, l'on donne à tous les ouvriers et manœuvres une faveur, à savoir la chair d'un mouton à manger tous ensemble…

Samedi dix-neuvième jour de mars, Colin Commun, charpentier, vint à l'atelier pour passer un accord au sujet de la charpenterie et pour l'exécuter, sur ordre de maître Raymon et de maître Jacques de Chartres…

Vers le jour de la Pentecôte, les maçons et manœuvres de l'atelier qui y travaillaient de façon permanente demandèrent, dans l'atelier, tous d'une même voix, que, en guise de faveur et de bons offices, selon ce qui est habituel dans chaque atelier établi et permanent comme l'est celui-ci…, ils puissent manger ensemble le jour de l'Ascension de Notre-Seigneur, et recevoir une avance sur la dépense dudit atelier ; ledit maître Raymond, étant dans cet atelier le patron et le maître du corps des maçons et de tous les manœuvres, et leur juge en ce domaine, voulut décider de cela… aussi décida-t-il… que, s'il plaisait audit collège de faire ainsi et non pas autrement, lesdits maçons et manœuvres déjeuneraient tous ensemble avec leurs enfants et boursiers… Vinrent à ce déjeuner ledit maître Raymon, en tant que patron, ainsi que sa femme et plusieurs personnes honorablement connues…

Vers le vingtième jour de juillet, M. de Beauvais passa par cet atelier, rendit visite aux ouvriers et visita l'ouvrage; il ordonna à son maître d'hôtel de donner aux ouvriers un franc pour boire.

Cité par G. Fagniez,
in *Etudes sur l'industrie*…
(cf. Bibliographie), adaptation H. P.

Les accidents, comme aujourd'hui, étaient fréquents sur les chantiers médiévaux.

Les matériaux

Pour construire des édifices qui puissent rivaliser avec les monuments antiques, il était indispensable de trouver de beaux bancs de pierre, permettant une extraction et une taille aisées. Au XIe siècle, la connaissance des carrières était perdue, en Angleterre comme en France : il a fallu procéder à des enquêtes sur le terrain. La difficulté fut la même pour le bois de charpente : il a été nécessaire de planter des arbres de haute futaie et d'attendre leur maturité pour pouvoir les exploiter.

La fabrication des briques se faisait sur le chantier par commodité et par économie.

Construction de Battle Abbey, près d'Hastings («Chronicon monasterii de Bello», 1066)

Le transport ès matériaux est l'une des préoccupations majeures du maître d'ouvrage et du maître d'œuvre. Se pose en Angleterre le problème de la rareté de la pierre qu'il faut importer de Normandie.

Donc, comme pendant ce temps le roi, l'esprit préoccupé, s'interrogeait sur le transport des matériaux de construction, il lui fut suggéré par les mêmes moines que l'endroit où il avait résolu de faire bâtir l'église, se trouvant sur une colline, avait un sol aride, était desséché et dépourvu de cours d'eau, et que pour cette raison il convenait, s'il le trouvait bon, de choisir dans le voisinage un emplacement plus adapté à un ouvrage d'une telle importance. Quand le roi entendit cela, il se retira vivement avec indignation et ordonna de jeter plus rapidement les fondations du sanctuaire à l'endroit même où le triomphe lui avait été accordé après qu'il eut abattu son ennemi. Et comme les moines, n'osant pas s'opposer à lui, cherchaient un prétexte dans l'absence d'eau, le roi magnanime répondit, dit-on, à leurs objections par cette parole mémorable : «Eh bien moi, si avec l'aide de Dieu la vie ne m'abandonne pas, je la verrai établie en ce même endroit de telle manière qu'elle soit approvisionnée en vin en plus grande abondance qu'une autre importante abbaye ne l'est en eau.» Comme les moines se plaignaient à nouveau de l'ingratitude du terrain, pour la raison qu'on ne trouvait nulle part aux environs, sur une assez grande étendue, de pierres utilisables pour bâtir vu que le sol était couvert de forêts, le roi offrit de pourvoir en tout à la dépense à suffisance, en puisant dans son trésor, et même envoya des navires lui appartenant pour transporter par mer, depuis le bourg de Caen, les pierres en quantité suffisante pour l'ouvrage projeté. Et comme les moines, en application des décisions du roi, avaient transporté en bateau une partie des pierres depuis la Normandie, au même moment, dit-on, une certaine dame religieuse eut une révélation : en creusant dans un endroit qui lui était indiqué par sa vision, ils trouveraient à cet endroit même une grande quantité de pierres pour l'ouvrage en projet. Aussi, en cherchant, comme ils en avaient reçu l'ordre, non loin de la zone assignée à l'église, ils découvrirent des pierres en quantité et en qualité telles que, de toute évidence, un trésor avait été anciennement enfoui là par décision divine pour fournir à l'ouvrage de maçonnerie prévu. On jette donc enfin les fondations de cet ouvrage de très grand importance, selon le jugement de l'époque, puis, conformément à la décision du roi, on installe avec soin l'autel majeur à l'endroit même où l'on vit abattre l'enseigne du roi Harald qu'on appelle standard. Et bien que les travaux fussent conduits par des artisans très expérimentés, qui ne s'adonnaient pas à un commerce méprisable, comme toutefois les agents du roi se consacraient davantage à leurs propres intérêts qu'à ceux de Jésus-Christ, la construction de l'édifice, qu'on commençait à bâtir avec une certaine négligence, progressait davantage, à ce qu'il semblait, dans ce but que grâce aux zèle des experts.

En même temps les mêmes moines se font aussi bâtir pour leur propre usage, mais sans y faire de grandes dépenses, de petites maisons au-dessous de la zone de l'église, pour y vivre. Et ainsi, pendant ce temps, par un fâcheux exemple dans les travaux entrepris, de délai en délai, les richesses royales qui étaient données à discrétion pour accélérer la construction, sont dépensées également à discrétion, et une grande part des pieuses libéralités de ce roi, données en contribution à cette entreprise, sont détournées par manque de rigueur.

Publié par V. Mortet, in *Recueil*… (cf. Bibliographie), trad. P. M.

Tâche prioritaire pour l'architecte : trouver de la pierre et du bois, ici pour la construction de Berne au XIIe siècle.

Fourniture du bois pour la construction de l'abbaye de Lessay, près de Coutances (Charte de fondation de l'abbaye, 1080)

Autre souci majeur, la recherche de bois pour les échafaudages et les ouvrages de charpente.

Richard, dénommé Turstin Haldup, ainsi que son épouse Anne et Eudes leur fils, en l'honneur de la Très Haute et Indivisible Trinité et de la Sainte Vierge Marie, ont résolu de faire bâtir une église sur le conseil de Geoffroy, évêque de Coutances, et avec la permission de

Guillaume, duc de Normandie, dans le pays de Coutances, sur le domaine dit de Sainte-Opportune, pour que des moines y servent Dieu selon leur règle, sans que cette église soit soumise à une autre abbaye... Ils ont établi des dîmes régulières pour tous les bâtiments qui ont été élevés ou qui devront l'être à l'intérieur ou à l'extérieur de l'enclos; du bois d'œuvre à l'extérieur de l'enclos, destiné à tous les bâtiments de l'église, aux maisons des moines, à tout ce qui leur sera nécessaire; du bois de chauffage, dans la même forêt de Baltes; du bois mort des forêts, à l'extérieur de l'enclos, destiné aux gardiens du bétail des moines, pour les besoins de leurs feux; et du bois d'œuvre pour bâtir et réparer toutes leurs maisons.

Publié par V. Mortet, in *Recueil...* (cf. Bibliographie), trad. P. M.

La fabrication du verre pour les vitraux nécessitait d'importantes quantités de sable et des fours puissants.

La recherche de bois de charpente pour Saint-Denis (Suger, «De Consecratione», 1140)

Le texte le plus connu, au sujet de la difficulté d'approvisionnement en bois, est de la main de Suger, maître d'ouvrage de l'abbatiale Saint-Denis.

Pour trouver des poutres, nous avions consulté les ouvriers en bois tant chez nous qu'à Paris, et ils nous avaient répondu qu'à leur avis dans ces régions, à cause du manque de forêts, on n'en pourrait trouver, et qu'il faudrait en faire venir de la région d'Auxerre. Ils étaient tous d'accord en cela; mais nous, nous étions accablés à la pensée d'un si grand travail et du long retard qu'il ferait subir à l'œuvre; une nuit, au retour des matines, je me suis mis à penser dans mon lit que je devrais aller moi-même parcourir les bois des environs, regarder partout et abréger ces délais et ces travaux si je pouvais trouver des poutres. Aussitôt, laissant de côté tous les autres soucis, je partis de grand matin avec des charpentiers et la dimension des poutres et je me dirigeai rapidement vers la forêt de Rambouillet. Traversant notre terre de la vallée de Chevreuse, je fis appeler nos sergents et ceux qui gardaient nos terres, et tous ceux qui connaissaient bien les forêts, et, les adjurant sous la foi du serment, je leur demandai si nous aurions des chances de trouver par là des poutres de ces dimensions. Ils se mirent à sourire, et s'ils avaient pu, certes, ils auraient éclaté de rire, s'étonnant de ce que nous ignorions que, dans toute cette terre, il n'y avait rien de tel à trouver, surtout depuis que le châtelain de Chevreuse, Milon, qui était notre homme et qui tenait de nous, avec un autre, la moitié de la forêt, et qui avait longtemps soutenu des guerres avec le roi et avec Amaury de Montfort, n'avait rien laissé intact ou en bon état, ayant lui-même construit des tours de défense à trois étages. Quant à nous, nous rejetions tout ce que ces gens nous disaient et, avec une confiance audacieuse, nous commençâmes à parcourir toute la forêt; vers la première heure, nous trouvâmes une poutre de dimension suffisante. Que fallait-il de plus? Jusqu'à none ou un peu plus tôt, à travers la futaie, à travers l'épaisseur des forêts, à travers les buissons d'épines, à l'étonnement de tous ceux qui étaient présents, et qui nous entouraient, nous désignâmes douze poutres : c'était le nombre qu'il nous fallait; nous les fîmes porter avec joie à la sainte basilique et placer sur la couverture du nouvel œuvre, à la louange et à la gloire du Seigneur Jésus qui se les était réservées ainsi qu'à ses Martyrs, ayant voulu les protéger de la main des voleurs.

Cité par J. Gimpel, in *Les Bâtisseurs*… (cf. Bibliographie)

Devis de la construction de l'église des Cordeliers de Provins (1284)

Le souci de conservation des murs est fréquent chez les maîtres d'ouvrage au Moyen Age : il relève d'une nécessaire économie, mais aussi d'une volonté de mémoire.

En premier lieu, le moutier sera entièrement abattu, jusqu'à ras de terre. Le pignon de devant et les côtés seront de la même épaisseur qu'auparavant, tandis que le côté de l'aile sera sur des piliers ronds et sur des arcs de pierre de taille tout au long de la vieille aile. Et les voussures de ces arcs seront aussi hautes que l'écartement sera près de l'entablement qui supportera la charpente de la nef; il y aura, de ce côté, autant d'arcs qu'il y aura de travées entre deux tirants, autant que la longueur de la vieille aile l'exige; ces arcs seront de l'épaisseur qu'exigera la charpenterie. Il y aura à hauteur de ces arcs, au pignon du côté de la cour, un col de pilier de six pieds de saillie et de trois pieds de parpaing; il sera terminé par une chape en couteau, au-dessous de l'empattement du pignon. Sur le petit côté de cette aile, à hauteur de chaque arc, il y aura une fenêtre à un meneau; elle sera de deux pieds plus longue que celle qui est sur le pignon de cette aile; les fenêtres de cette aile seront élevées au-dessus du petit côté de l'aile, à hauteur des clés des arcs du côté de la nef; quant à la fenêtre du pignon, elle sera aussi longue que l'exigera le pignon. Il y aura entre chacune des fenêtres de cette aile un col de pilier de trois pieds de saillie et de deux pieds de parpaing; et ces piliers seront terminés par des chapes en couteau, au-dessous de l'entablement. L'on fera des gouttières sur le petit côté de cette aile, au niveau de chaque pilier, pour évacuer l'eau des noues loin du pilier. L'aile doit être faite comme il est ici devisé. [...]

Ils doivent commencer à travailler en mars, et arrêter les travaux chaque année à la Toussaint; ils doivent remettre et livrer l'ouvrage entièrement achevé dans trois ans à la Saint-Jean, pour sept cents livres tournois que leur paiera, au nom des frères, sire Jacques Julian, selon le travail accompli. A savoir, maître Jehan Denouet, maître Erard et maître Gilles, demeurant à Provins. On doit leur livrer, sur place, de la chaux, du sable, du plomb et du fer pour la maçonnerie, et du bois pour les fondations, si besoin est. On leur apportera la pierre de Paris, depuis le port de Fosse-Gautier, jusqu'à Provins. On doit procurer auxdits maçons un charroi pour élever un échafaudage de bois, de telle sorte que les charrettes puissent aller et venir en une journée de Provins jusqu'à l'endroit où l'on prendra le bois et le grès.

Guillaume de Mussy, bailli de Meaux et de Provins, fait savoir à tous ceux qui liront et entendront les présentes lettres que, devant Jehan le Picard de Provins, clerc, et Thomas de France, bourgeois de Provins, mes féaux et jurés nommés par moi à cet effet, comparurent en personne les susdits Jehan, Erard et Gilles, maçons; et ceux-ci, de leur plein gré, sans qu'ils y soient contraints, reconnurent devant lesdits jurés qu'ils devraient démolir, reconstruire, terminer et mener à bien la maçonnerie dudit moutier exactement de la manière devisée ci-dessus, pour la somme de sept cents livres tournois, laquelle somme doit être payée par ledit Jacques Julian, clerc, auxdits maçons, selon ce qui a été devisé ci-dessus; et lesdits maçons ont promis, en engageant leur parole, qu'ils réaliseraient correctement et loyalement, par un travail correct et loyal, la maçonnerie dudit moutier, et qu'ils livreraient l'ouvrage entièrement achevé dans les délais indiqués, à savoir pour la fête de la Saint-Jean de l'an 1287.

Publié in *Bulletin monumental*, 1897, adaptation H. P.

Marché passé avec maître Jean de Lohes, maçon, pour la construction du château de Bapaume (1311)

Certains marché sont extrêmement précis quant à la nature des matériaux à employer sur le chantier, et en particulier la pierre.

A tous ceux qui verront et entendront les présentes lettres, de la part de Thomas Brandon, bailli d'Arras, salut. Que tous sachent que le maçon Jehan de Lohes a comparu en personne devant nous et devant les hommes de Mme d'Artois, à savoir maître Girart de Saleu, Jehan Testart et Jehan d'Estainbourg, et qu'il a reconnu devoir faire pour le château de Mme d'Artois, à Bapaume, la maçonnerie d'une salle qui aura quatre-vingts pieds de long et soixante-dix pieds de large à l'intérieur. Tout autour, il y aura des murs de cinq pieds d'épaisseur et de quarante pieds de haut. Sur l'un des côtés, il y aura un arc qui sera assujetti à la chapelle, comme il conviendra, d'une ouverture égale à la largeur de la chapelle; l'arc sera garni de tors; il y aura quatre grandes fenêtres aux deux extrémités de cette salle, et quatre sur les deux côtés, pour peu que l'on en désire autant, aussi larges que nécessaire. Et il y aura six fenêtres doubles, sur six moyens, avec des encadrements à l'intérieur. Il y aura deux cheminées dans cette salle, là où l'on voudra qu'elles soient placées. Au milieu de la salle, du côté le plus long, il y aura deux colonnes isolées et deux adossées aux murs, qui supporteront trois arcs tels qu'il les faudra, aussi hauts qu'ils pourront l'être sous les combles, les nervures de ces arcs étant pleines de maçonnerie jusqu'au-dessous des combles. Ce pan moyen sera haut de quarante pieds, comme les autres. Les murs tout autour et le pan moyen auront des entablements à l'intérieur et à l'extérieur, comme il conviendra. Les colonnes déjà mentionnées seront ouvragées de bases et de chapiteaux. Aux deux extrémités de la salle, il y aura deux pignons aussi hauts et larges qu'il le faudra pour qu'ils s'asujettissent bien aux combles; ces pignons seront surmontés de chapes françaises, selon ce qui conviendra, et garnis sur ces chapes de bosses, de boules et de fleurons en quantité suffisante. Aux quatre arêtes de la salle, il y aura des tourelles aussi larges qu'il le faudra, et une cinquième tourelle au milieu, du côté de la cour. Les quatres tourelles d'angle seront reprises sous l'entablement, tandis que l'autre partira du sol; il y aura à l'intérieur un escalier à vis pour monter aux coursières. Tout autour de ladite salle, il y aura des coursières à créneaux, avec des voies qui permettront d'aller et venir. Les deux pignons seront retraits à l'intérieur, de sorte que les coursières seront en dehors des pignons, comme il conviendra. Il y aura dans cette salle autant d'huisserie qu'on voudra en avoir. Les quatre tourelles seront élevées à la hauteur des coursières et elles auront des créneaux, comme le reste du bâtiment. Si l'on désirait élever lesdites tourelles dix pieds audessus des voies, il faudrait le faire et faire des entablements tout autour pour que les combles reposent dessus, si on souhaite qu'il en soit ainsi. Les quatre colonnes qui seront dans la salle seront de grès; ledit Jehan doit les fournir à ses frais, à l'exception du transport, les chapes et les chapiteaux devant être ouvragés de bosses et de feuilles. Les deux colonnes isolées seront d'une pièce, longues de quinze pieds, si cette longueur convient, et de dix-huit empans d'épaisseur; les deux colonnes adossées seront maçonnées et liées aux murs. Il y aura dans les canalisations autant de gargouilles que nécessaire et, aux pignons, autant d'ouvertures qu'il le faudra. Pour les fondations, ledit Jehan doit descendre à ses frais à trois pieds sous la terre; s'il convenait d'aller plus profond, cela serait aux frais de Madame.

Tout ce qui est dit et devisé ci-dessus doit être fait par ledit Jehan de Lohes à ses frais, tant pour les ouvriers que pour le travail, moyennant trois cents livres parisis qu'il touchera pour ledit ouvrage. On doit lui fournir sur place tous les matériaux : à savoir, la pierre, la chaux, le sable, les palissades, les poulies, les cordes et tout ce qui sera nécessaire à cet ouvrage; il doit faire élever les palissades à ses frais pour ce qui est de la main d'œuvre, et fournir à ses frais les quatre colonnes, ainsi qu'il a été dit, à l'exception du transport, dont on doit se charger. S'il y avait pour ledit ouvrage dix livres parisis de dépassement, on n'en paierait rien audit Jehan, mais il devrait travailler pour le salaire convenu; si le dépassement était de plus de dix livres parisis, on le lui paierait en plus de son salaire, avec une franchise de dix livres. Ledit Jehan doit prendre la pierre taillée dont on dispose déjà pour l'utiliser audit ouvrage, et cela au prix d'avant l'ouvrage; il doit déduire ce prix de son salaire. Il doit avoir achevé ledit ouvrage de manière correcte et satisfaisante dans la saison présente, s'il le peut.

Publié par J.-M. Richard,
in *Mahaut comtesse d'Artois et de Bourgogne (1302-1309)*, Paris, 1887,
adaptation H. P.

Marché passé avec maître Jean Morant pour la construction de l'hôpital d'Hesdin (1321)

Ce marché donne des détails sur la précision de la commande, les échafaudages et la fourniture du bois.

Ceci est le devis de l'hôpital que Madame veut construire à Hesdin, devis pour la réalisation correcte et satisfaisante duquel le bailli, au nom de ladite Mme d'Artois, a passé convention avec maître Jehan Morant. A savoir :

Ledit hôpital doit avoir cent soixante pieds de long et trente-quatre pieds de large dans tout l'ouvrage; les murs doivent avoir vingt et un pieds de haut, cinq pieds sous la terre et seize pieds au-dessus, trois pieds d'épaisseur, avec un retrait de trois empans ou environ, fait sur le grès à trois pieds de hauteur par rapport au sol.

Sur les côtés il doit y avoir des piliers de seize pieds, d'un point moyen à un autre, et à chaque pignon deux piliers et deux fenêtres larges de dix pieds et hautes en proportion, à trois meneaux, avec des encadrements, comme il convient; et sur les côtés, tout du long, des fenêtres; entre les deux piliers une fenêtre de quatre pieds de jour ou à peu près, haute en proportion; ces fenêtres seront chanfreinées, et étançonnées à l'intérieur et à l'extérieur; sur les fenêtres des pignons et des côtés, au départ des larmiers, un entablement à l'intérieur et à l'extérieur, sur toute la longueur du larmier. Les côtés doivent avoir un entablement à l'intérieur et l'extérieur; les piliers doivent avoir trois pieds et demi de saillie escarsé sur le grès et trois pieds de face, et les piliers des côtés et des pignons doivent mourir par retrait au ras de l'entablement. [...]

[Maître Jehan Morant] doit

échafauder correctement et de manière satisfaisante, à ses frais, l'ouvrage décrit ci-dessus. On doit lui fournir et livrer tout le bois à bref délai. En tout cet ouvrage il doit mettre, partout où il conviendra, des poutres et des pièces de bois, qu'il fournira à ses frais. On doit lui fournir et livrer tous ces matériaux partout où l'on peut trouver un char ou une charrette, et on doit lui livrer du bois, des baguettes et de la corde pour élever une palissade, qu'il fera à ses frais; le bois utilisé à cette fin, les baguettes et les cordes demeureront sa propriété, une fois l'œuvre achevée.

Publié par J.-M. Richard,
in *Mahaut..., op. cit.,* adaptation H. P.

Marché pour la couverture de la charpente de la cathédrale de Troyes (11 octobre 1390)

La fourniture et la mise en œuvre des matériaux, ici de charpente et de couverture, font l'objets de contrats extrêmement stricts quant au paiement des travaux.

A tous ceux qui verront et entendront les présentes lettres, de la part de Thibaut Constan, en l'absence de Renaut Gonbaut, clerc, garde du sceau de la prévôté de Troyes, salut.

Que tous sachent que, devant Etienne de Saint-Sépulcre et Jehan de Doulevans, clercs jurés et nommés à Troyes à cette fin par ordre de notre seigneur le roi, ont comparu en personne, spécialement à cette fin, Jehan Neveu dit Lescaillon, demeurant à Reims, et Tolart Lescaillon, son frère, demeurant à Troyes; de leur plein gré ils

Chef-d'œuvre de charpente : l'octogone de la cathédrale d'Ely, en Angleterre (ci-contre la maquette).

ont reconnu avoir passé marché, avec vénérables et sages personnes le doyen et le chapitre de l'église de Troyes, pour couvrir la charpente de leur église depuis les grands piliers de la grande croisée jusqu'au pilier qui est sur le côté du puis, ledit pilier inclus, et un pied au-delà, avec la voussure du grand arc de ladite croisée, laquelle traverse de part en part ladite charpente; pour couvrir ladite charpente de bonne ardoise renforcée, de la fosse de Chigny ou de Foigny, lesdits frères et chacun d'entre eux étant tenus de livrer l'ardoise susnommée, avec tous les clous nécessaires tant pour ladite ardoise que pour latter. Lesdits frères et chacun d'entre eux pour l'ensemble couvriront ladite charpente et l'achèveront conformément à ce qui a été défini ci-dessus, à leurs frais et dépens, à la prochaine Chandeleur, selon le jugement d'ouvriers et de gens compétents en cette matière. Et lesdits vénérables sont et seront tenus de leur livrer des planches de bois en quantité suffisante pour ladite couverture; de leur payer en outre, pour le marché susdit, trois cent cinquante livres tournois en monnaie ayant court à ce jour; de cette somme, lesdits frères eurent et reçurent desdits vénérables, par l'intermédiaire des maîtres de l'œuvre de ladite église, en présence desdits jurés, cent livres tournois; les deux cent cinquante livres restantes leur seront payées par lesdits vénérables de la manière qui suit : à savoir, à la prochaine Saint-André Apôtre cent livres tournois, vingt jours après la Noël suivante encore cent livres tournois, et les cinquante livres tournois restantes quand ils auront achevé ladite couverture. En engageant leur parole auprès desdits jurés, sous peine de prise de corps, de mise et de maintien en prison, et avec la garantie de tous leurs biens et des biens de leurs héritiers, meubles et immeubles, présents et à venir, soumettant et donnant en garantie lesdits biens à la juridiction et aux arrêts de notre seigneur le roi, de ses gens et de tous autres gens de justice, lesdits frères se sont engagés, chacun pour l'ensemble, à faire, accomplir parfaitement, achever et mener à bien toutes les choses susdites et chacune de ces choses de la manière susdite, sans aucun défaut, sans aller ni faire aller contre, sous peine d'avoir à rembourser et à payer en retour tous coûts et dommages qui pourraient provenir ou dépendre de cela; lesdits frères renonçant, pour tout ce qui touche à cela, à tous us et coutumes de pays, à tout recours de châtellenie et de prévôté, à tout appel, à toute autre opposition qui pourrait être faite contre ces lettres ou contre leur teneur, et à toute action déclarant non valable la renonciation générale. En foi de quoi j'ai scellé les présentes lettres dudit sceau par la décision desdits jurés, avec leurs signatures.

Arbois de Jubainville, in *Bibliothèque de l'Ecole des Chartes*, 1862, adaptation H. P.

Rapport sur l'église Saint-Ouen de Rouen (1441)

Les quatre piliers soutenant la tour lanterne de l'abbatiale inquiètent les maîtres d'ouvrage : expertise est faite pour dégager la responsabilité de l'architecte Coline de Berneval, successeur de son père Alexandre.

Ci-dessous, le rapport de Simon Le Noir, de Jehan Wyllemer, maîtres des œuvres de maçonnerie et de charpenterie de notre seigneur le roi au bailliage de Rouen, de Jehanson Salvart, maître des œuvres de l'église cathédrale Notre-Dame de Rouen et de ladite ville, de

Jehan Rouxel, juré de notre seigneur le roi, et Pierre Bense, maîtres maçons; lesquels dirent et signifièrent au révérend père en Dieu M. l'abbé de Saint-Ouen et au prieur, au bailli, au grenetier, au maître de l'œuvre religieux dudit lieu de Saint-Ouen, à quel point leur église est dangereuse, compte tenu de la grande charge qui pèse sur les quatre piliers de la tour et sur les quatre grands arcs-doubleaux; ces piliers ne sont pas contre-boutés de leurs bandes et fourniments du côté de la croisée, en conséquence de quoi ils font ventre à ces endroits et présentent un grand danger; car, s'il advenait que lesdits piliers ou les grands arc-doubleaux lâchent tant soit peu, l'église se trouverait dans un tel état que la tour s'abattrait et que le chœur la suivrait d'un seul bloc. Pour remédier à ce péril, lesdits maîtres et ouvriers conseillent unanimement que, aussi vite que possible, l'on veille, sans désemparer, à faire les bandes et les fourniments de la croisée, comme on a commencé à le faire, afin de rendre sûrs les piliers de la tour, les arcs-doubleaux et les piliers butants, affermis les uns avec les autres. Pour se mettre rapidement en état de faire ce renforcement, les maîtres et ouvriers nommés ci-dessus déclarent qu'il serait bon de vendre ou d'engager des calices ou des objets de prix, de sorte qu'on ait de l'argent pour travailler sans délai, afin que l'église soit rendue sûre; laquelle église, pour l'heure, est en très grande détresse. Le maître de l'œuvre, entendant ledit rapport, demanda instamment auxdits maîtres et ouvriers que ce rapport fût mis par écrit sur un feuillet de parchemin et signé de leurs signatures ou des sceaux dont ils usaient en leurs offices royaux; et, en présence de monsieur l'abbé, du prieur, du bailli, du grenetier et desdits maîtres, il résigna l'office de l'œuvre, en sorte que, si l'on ne travaillait pas pour rendre l'église sûre et que quelque malheur se produisît, l'on ne puisse se retourner contre lui ni dire que c'était de quelque manière sa faute. A ce rapport était présent Colin de Berneval, admis par monsieur l'abbé et par les religieux nommés ci-dessus à être l'ouvrier de maçonnerie de leur église pour l'avenir, comme l'avait été en son temps son père, feu Alexandre de Berneval; lequel Colin de Berneval demanda à détenir par devers lui copie dudit rapport, pour sa décharge dans l'avenir. Ce fut fait le lundi vingt-troisième jour de janvier, l'an de grâce 1440.

Publié par J. Quicherat, in *Bibliothèque de l'Ecole des Chartes*, 1852, adaptation H. P.

Reconstruction de l'abbatiale Saint-Pierre d'Oudenbourg, près de Bruges («Tractatus de ecclesia S. Petri Aldenburgensi», 1056-1081)

Quand on ne trouve pas de pierre à proximité du chantier, on récupère celle qui provient des monuments qu'il faut détruire.

Or à cette époque, cette ville d'Aldenborgh était la capitale de l'ensemble de la Flandre, et comme je l'ai dit précédemment, elle fut à l'origine très peuplée, étant très bien protégée par ses murailles et ses fortifications. En effet, au levant, au midi, au couchant et dans la direction de l'aquilon, elle avait été construite en pierre noire très résistante. Et on ne peut trouver de pierres de cette couleur et d'une si grande résistance à l'état naturel dans toute la province de Flandre, si ce n'est seulement en Gaule, dans la paroisse de Tournai. Dans la direction de l'aquilon, un bâtisseur antique avait établi des fondations de grandes pierres carrées, pourvues de solides crampons de fer et de plomb. On dit qu'on ne rencontre ce genre de pierre que dans la province de Boulogne. Quelques habitations avaient également été bâties, au-dessous des murs de fortification, en pierre légère et peu résistante. Ces pierres se trouvent à l'état naturel vers le levant, dans la province de Cologne. On a trouvé de notre temps de très beaux vases, des coupes [*ciphi*, pour *scyphi*], des écuelles et d'autres ustensiles en nombre très élevé, fabriqués avec habileté et ciselés au temps jadis par les Anciens, que seuls d'habiles artisans pourraient fabriquer et ciseler en or et en argent avec autant de raffinement. Et pour que la susdite ville fût plus admirable et plus prestigieuse, on l'avait fondée au milieu de toute la Flandre, presque en son centre même : en effet elle semblait avoir presque à égale distance, à l'est, la paroisse de Gand, à l'ouest, celle de Thérouanne. Au midi s'étend un espace de deux lieues de terre sableuse, que ferme une forêt plaisante et très épaisse. Dans la direction de l'aquilon, l'excellente terre de Flandre occupe presque deux lieux jusqu'au bord de mer. Et cette ville, parfaitement protégée par les défenses de ses tours et de ses murailles, et aussi très réputée par l'afflux de richesses de toute sorte, exerçait sa domination sur les régions et les cités voisines dans toutes les directions... Il y avait une muraille si résistante qu'on n'aurait pas pu la détruire à coups de bélier sans avoir préalablement déterré et fait complètement disparaître les pierres de ses fondations. Pour ôter complètement aux lecteurs la moindre incertitude sur la très grande solidité de la construction de la susdite ville, moi qui ai composé et rédigé à l'origine ce traité, j'ai vu personnellement de mes propres yeux détruire la muraille et il m'a été donné d'assister, sans doute possible, à la construction dudit sanctuaire de l'apôtre saint Pierre avec ses pierres mêmes. Quant aux colonnes et aux murs, ils ont été élevés en pierre de Tournai, et des chapiteaux de colonne ornés, en pierre de Boulogne, y sont insérés. Car auparavant, à l'époque de Baudouin de Lille, comte de toute la Flandre, les bâtiments de la ville de Bruges se distinguent en ce qu'ils ont été en grande partie édifiés avec ces pierres. Parce qu'après que le comte Arnould le Barbu eut commencé la construction de Bruges, il fit détruire les murailles d'Aldenborgh et attribuer ses pierres aux Brugeois pour bâtir la leur, si bien que la construction de l'une avançait avec la destruction de l'autre. C'est pourquoi la première était réduite à presque rien : ne subsistait que l'assise de la colline sur laquelle on détruisait les murailles.

Publié par V. Mortet, in *Recueil...* (cf. Bibliographie), trad. P. M.

La villa des Quintilii, près de Rome, est l'un des nombreux édifices antiques dépouillés de leur parement de pierre, réutilisé dans des constructions postérieures, en particulier au Moyen Age, en Italie comme dans toute l'Europe.

Les techniques de construction

Les architectes qui ont pris conscience de leur propre capacité, dans le premier tiers du XIe siècle, s'affirment non seulement comme de grands créateurs, mais également comme de remarquables techniciens. Ils doivent imaginer des solutions nouvelles pour surmonter les difficultés. Très rapidement, certains d'entre eux se livrent à des expertises.

Reconstruction de la cathédrale de Cambrai («Gestum pontificum Cameracensium», 1023-1030)

Comme tous les maîtres d'ouvrage de cette génération, Gérard Ier, évêque de Cambrai, force le destin.

Le seigneur évêque Gérard entra tout d'abord en ville. Comme il voyait que les bâtiments du monastère de Sainte-Marie étaient aussi étroits que vétustes et qu'il se doutait que leurs antiques murs se fissuraient, il conçut rapidement le projet de les mettre dans un état plus satisfaisant, si du moins le temps nécessaire lui en était donné, avec l'aide de Dieu. Mais il ne put l'entreprendre avant l'an de l'Incarnation 1023, et de sa prélature le [...] ème, parce qu'il en fut empêché, comme nous l'avons rapporté précédemment, par des désordres tant intérieurs qu'extérieurs. Mais alors, confiant en la Miséricorde divine et conforté par les prières de nombreux fidèles auxquelles il s'était confié, il donna instruction de détruire la structure de ces murs si anciens. Une fois engagées les dépenses nécessaires, il consacre toute son énergie à rebâtir un édifice présentant de si grandes difficultés, car il craignait de laisser l'ouvrage inachevé, soit que la mort le devançât, soit qu'une autre raison s'opposât à lui. A ce propos, il constata que, parmi les obstacles susceptibles de retarder le projet qui lui tenait à cœur, aucun n'était plus difficile à surmonter que la lenteur du transport des colonnes, taillées loin de la ville, à peu près à la trentième borne milliaire. Aussi pria-t-il la Clémence divine de daigner lui accorder un secours dans un

La cathédrale de Prague a conservé les tirants de métal qui assurent la stabilité de sa structure depuis le XIVe siècle.

plus proche voisinage. Etant un jour monté à cheval, il explore en bien des lieux environnants les profondeurs cachées de la terre. A la fin, avec l'aide de Dieu qui jamais ne fait défaut à ceux qui mettent en Lui leurs espérances, il fit faire une tranchée dans le village depuis toujours appelé Lesdain, distant de quatre milles de la ville, et trouva de la pierre à tailler les colonnes. Et ce ne fut pas le seul endroit : en faisant creuser plus près, à savoir dans le domaine [*villa*] de Nigella [Noyelles], il a la joie de trouver des pierres de bonne qualité d'une autre sorte. Rendant grâces à Dieu pour cette trouvaille, il consacra tout son zèle à son pieux ouvrage. Et pour ne pas m'attarder davantage, il mena à son achèvement en l'espace de sept ans, avec l'aide de la Miséricorde divine, cet ouvrage énorme, à savoir l'an de l'Incarnation du Seigneur 1030. Et ensuite, conséquence logique, il le dédia le quinzième jour avant les Calendes de novembre [le 18 octobre] avec la solennité convenable et même, pour ainsi dire, avec plus encore que de la solennité.

Publié par V. Mortet, in *Recueil*... (cf. Bibliographie), trad. P. M.

Construction du château d'Ardres, près de Saint-Omer («Chronique de Lambert d'Ardres», 1060)

Toute construction passe par la destruction. Ici, il s'agit d'un véritable déplacement de résidence, avec démontage et remontage des bâtiments de bois.

Comment Arnould, sénéchal d'Eustache, comte de Boulogne, fit transporter tous ses bâtiments de Selnesse sur le donjon élevé à Ardres. Arnould, sénéchal d'Eustache, comte de Boulogne, voyant que tout lui souriait et tournait à sa prospérité, presque comme il le souhaitait, fit faire une écluse dans un marais des environs d'Ardres, presque à un jet de pierre d'un moulin, et une seconde écluse. Entre les deux, au milieu du marais profond, bourbeux et rempli d'une eau abondante, touchant presque au pied d'une colline, il fit fortifier une motte très élevée, ou «donjon», qui s'élevait au-dessus d'une ligne [*in munitionis signum*] de défense et au-dessus d'une digue. Et à ce que racontent les habitants, un ours apprivoisé (quel talent chez les hommes, quelle disposition au dressage chez les animaux sauvages!), mais pas celui pour lequel on perçoit une taxe de fournage, transporta les matériaux destinés au donjon de cette forteresse entre la colline [*altitudo*] et la motte. On affirme que dans une cachette parfaitement dissimulée de cette digue on enterra une amulette d'heureux augure, destinée à y rester à tout jamais : un moellon sur de l'or très pur. Arnould fit entourer d'un très solide fossé le pourtour de la fortification extérieure, en incluant à l'intérieur de celle-ci le moulin. Bientôt, conformément à l'ancien projet de son père, il fit mettre à bas et détruire tous les bâtiments de Selnesse, puis il fit munir le donjon d'Ardres de pont, de portes et de tous les bâtiments nécessaires. A dater donc de ce jour, une fois la vaste résidence de Selnesse démolie et rasée, et ses bâtiments démontés et déplacés à Ardres, en même temps que son château ce fut jusqu'au souvenir de Selnesse qui disparut, au point qu'à Ardres d'abord mais aussi en tous lieux, Arnould était couramment désigné comme le protecteur et le seigneur d'Ardres.

Publié par V. Mortet, in *Recueil*... (cf. Bibliographie), trad. P. M.

Reconstruction de Canterbury par Guillaume de Sens («Chronica Gervasii pars prima», 1175-1178)

Guillaume de Sens apporte avec lui, non seulement une nouvelle conception esthétique, mais aussi des techniques de construction nouvelles.

Il commença, comme je l'ai dit bien auparavant, à faire les préparatifs nécessaires à la nouvelle construction et à démolir l'ancienne. La première année s'acheva sur ces travaux. L'année suivante, précisément après la fête de saint Bertin, il éleva avant l'hiver quatre piliers, à savoir deux de chaque côté. L'hiver achevé, il en ajouta deux, de telle sorte qu'il y en avait une file de trois de chaque côté. Sur ceux-ci et le mur extérieur des bas-côtés, il fit reposer, selon les règles de l'art, des arcs et une voûte, c'est-à-dire trois «clefs de voûte» de chaque côté. J'emploie le mot «clef de voûte» pour l'ensemble de la travée, étant donné que la clef de voûte, placée au centre, semble fermer et renforcer les éléments venant de tous les côtés. La seconde année s'acheva sur ces travaux. La troisième année, il ajouta deux piliers de chaque côté, dont il décora les deux derniers d'un entourage de colonnes de marbre, et comme le chœur et les bras de la croix devaient venir se réunir au niveau de ces piliers, il décida d'en faire les piliers principaux. Après avoir fait reposer les «clefs de voûte» et construit une voûte sur ces piliers, il garnit le triforium inférieur de nombreuses colonnes de marbre, depuis la grande tour jusqu'aux piliers précédemment mentionnés, c'est-à-dire jusqu'à la croisée du transept. Et au-dessus de ce triforium, il en installa un autre fait d'un autre matériau, ainsi que les fenêtres hautes, puis trois «clefs de voûte» à

Modèle d'architecture française outre-Manche, le chœur de la cathédrale de Canterbury.

grand arc, depuis la tour jusqu'aux bras de la croix. Tous ces travaux nous paraissaient, à nous et à tous ceux qui les voyaient, incomparables et dignes d'éloges. Aussi, emplis de joie par un si glorieux commencement, et concevant les meilleurs espoirs de l'achèvement à venir, nous nous employâmes, poussés par un ardent désir d'achever l'ouvrage, à l'accélérer. La troisième année s'acheva donc sur ces travaux, et la quatrième commença. Durant l'été, il éleva dix piliers, à savoir cinq de chaque côté, en commençant à la croisée du transept. Décorant les deux premiers de colonnes de marbre, il faut d'autre part des deux derniers les piliers principaux. Il fit placer au-dessus de ces piliers dix arcs et dix voûtes. Après avoir achevé les deux triforiums et les fenêtres hautes, il prépara, au début de la cinquième année, des échafaudages pour monter la grande voûte. Des poutres s'étant soudain rompues sous ses pieds et l'entraînant dans leur effondrement parmi les pierres et les morceaux de bois, il tomba à terre depuis le niveau des chapiteaux de la voûte supérieure, soit cinquante pieds. Sévèrement meurtri par le choc des pierres et des morceaux de bois, il se retrouva inutile aux travaux et à lui-même, sans que nul autre que lui-même eût été blessé de quelque manière que ce fut. Ce fut soit la vengeance de Dieu, soit l'hostilité du diable, qui frappa uniquement le maître d'ouvrage. Le maître ainsi blessé, soigné par les médecins, garda quelque temps le lit dans l'espoir de recouvrer la santé. Il fut déçu dans ses espérances et ne put être guéri. Cependant, comme l'hiver approchait et qu'il fallait achever la voûte supérieure, il confia l'achèvement

des travaux à un moine, actif et intelligent, qui dirigea les maçons. Ceci provoqua une forte hostilité et donna lieu à des démonstrations de malveillance, parce que ce moine, malgré sa jeunesse, semblait plus avisé que de plus puissants et de plus riches que lui. Toutefois le maître, depuis son lit, régla l'ordre de priorité des travaux. On construisit donc la travée entre les quatre piliers principaux, à la clef de voûte de laquelle le chœur et les bras de la croix semblent, d'une certaine manière, venir se réunir. Deux travées, de part et d'autre, furent également réalisées avant l'hiver. Mais de fortes pluies ne permirent pas d'en faire davantage. La quatrième année s'acheva sur ces travaux, et la cinquième commença. La même année, je veux dire la quatrième, eut lieu un éclipse de soleil, le huitième jour avant les Ides de septembre, vers la sixième heure, avant la chute du maître d'ouvrage. Le susdit maître, comprenant qu'il ne pourrait recouvrer la santé grâce à la science et au zèle des médecins, renonça à son ouvrage, traversa la mer et revint chez lui en France.

Publié par V. Mortet, in *Recueil*… (cf. Bibliographie), trad. P. M.

Expertise de la cathédrale de Chartres («Registre capitulaire», 1316)

L'expertise demandée par les chanoines de Chartres inquiets a été réalisée par Nicolas de Chaumes, maître d'œuvre du roi, Pierre de Chelles, architecte de la cathédrale Notre-Dame de Paris, et Jacques de Longjumeau, maître charpentier juré de Paris.

Seigneurs, nous vous indiquons que les quatre arcs qui servent à supporter les voûtes sont bons et solides, que les piliers qui supportent les arcs sont bons, et la clé de voûte bonne et solide; et il ne faudra pas enlever plus de la moitié de votre voûte, là où l'on verra que cela sera nécessaire. Nous avons décidé que l'échafaudage partirait d'au-dessus de l'emmêlement des verrières; on utilisera cet échafaudage pour protéger votre jubé et les gens qui circuleront dessous, et l'on s'en servira pour réaliser les autres échafaudages à faire dans la voûte, ce qui se révélera nécessaire et dont on aura besoin.

Voici les défauts de l'église Notre-Dame de Chartres, décelés par maître Pierre Chielle, maître de l'œuvre de Paris, par maître Nicolas de Chaumes, maître de l'œuvre de notre seigneur le roi, et par maître Jacques de Longjumeau, maître charpentier et juré de Paris, en présence de maître Jean de Reate, chanoine de Chartres, originaire d'Italie, de maître Simon Daguon, maître de l'œuvre, de maître Simon, charpentier, et de maître Berthaut, juré de ladite œuvre, par ordre du doyen.

Nous avons examiné en premier lieu la voûte de la croisée : des réparations y sont nécessaires; si elles n'étaient pas faites à bref délai, on encourrait de grands risques.

Item, nous avons examiné les arcs-boutants qui soutiennent les voûtes; ils demandent à être rejointoyés et réexaminés; si cela n'était pas fait à bref délai, on encourrait de grands dommages.

Item, deux des piliers qui soutiennent les tours demandent à être réparés.

Item, il faut apporter des réparations importantes aux piliers des galeries des portiques, et il convient de construire dans chaque baie un soutien pour supporter ce qui est au-dessus : l'une des jambes partira du soubassement, à l'extérieur, sur le pilier d'angle, et l'autre d'une reprise du corps de l'église ; ce soutien sera renforcé, pour que la poussée soit moins forte, et l'on utilisera toutes les attaches qui seront jugées nécessaires.

Item, nous avons examiné, et indiqué à maître Berthaut, comment celui-ci remettrait en place la statue de la

Les arcs-boutants de la cathédrale de Chartres ont, avant tout, un rôle structurel.

Madeleine sans occasionner de secousses.

Item, nous avons remarqué, dans la grande tour (laquelle, à notre estime, a grand besoin de réparations importantes), qu'un des côtés est fendu et percé, et qu'une des tourelles est brisée et abîmée.

Item, il y a des défauts dans les portiques de devant : les couvertures sont rompues et brisées ; il serait bon, par conséquent, de mettre en chacune

La croisée de la cathédrale de Reims, après le terrible bombardement de 1917.

d'elles un tirant de fer pour les aider à tenir; cela serait de nature à éliminer tout danger.

Item, nous avons décidé, pour le profit de l'église, que le premier échafaudage partira d'au-dessus de l'emmêlement des verrières, pour que l'on travaille à la voûte de la croisée.

Item, nous avons remarqué, pour le profit de l'église, que le poinçon qui porte l'angelot est entièrement pourri et ne peut joindre correctement à l'autre poinçon de la nef du moutier : car le poinçon du moutier est brisé aux jointures de la charpente, vers le haut. Si l'on voulait faire du bon travail, on mettrait deux assises avec celles qui sont sur le chevet, et l'angelot serait posé sur la deuxième d'entre elles; ainsi, la majeure partie du bois qui est en ladite croupe pourrait être utilisée de nouveau.

Item, au beffroi, là où se trouvent les petites cloches, la situation n'est pas satisfaisante, car le beffroi a été construit il y a longtemps, et il est vieux; de même pour celui où se trouvent les grosses cloches. Il faut y faire des réparations sans délai.

Item, dans les combles du moutier, quatre tirants sont à changer, qui sont pourris à une extrémité; si vous ne voulez pas les changer, il faut les réparer de la manière que nous avons indiquée à vos maîtres.

Publié par V. Mortet, in *Congrès archéologique*, 1900, adaptation H. P.

Rapport de l'expertise de l'église de Troyes («Registre des délibérations du chapitre», 1362)

L'expertise de la cathédrale de Troyes montre bien les problèmes de structure que l'architecte doit résoudre.

Ceci est le rapport de l'expertise de l'église de Troyes, fait par maître Pierre Faisant, maçon, l'année 1362, le samedi après la fête de la Saint-Martin d'hiver.

En premier lieu, il faut savoir que toutes les naves des basses voûtes, celles qui sont autour du chœur de ladite église, sont à recimenter.

Item, en plusieurs lieux, les entablements qui sont au niveau des gargouilles sont à refaire et à réinstaller.

Item, il faut faire un arc-boutant à hauteur de la chapelle de monseigneur l'évêque du côté de la cour; il partira de la chape et il convient qu'il aille jusqu'à l'amortissement de la première tourelle; il faut à cet endroit un seul arc-boutant.

Item encore, il semble audit maître, qui a examiné le nouvel ouvrage de maître Jehan de Torvoye, qu'il n'y a là nul défaut, si ce n'est que les arcs-boutants sont placés trop haut; il lui semble qu'il convient de démolir ledit ouvrage jusqu'à la hauteur des tourelles qui partent des angles; cela, pour sauver complètement et partout la maçonnerie; il en coûtera, s'il travaille à refaire et à arranger cela, deux cent cinquante florins.

Item, encore autre chose; il y a des défauts dans le nouvel arc-boutant du côté la maison du grand archidiacre, et il le montrera, si besoin est. Car, supposé que l'ouvrage soit comblé de plâtre et de mortier, il n'est pas satisfaisant. Il fait serment que l'ouvrage n'en est pas moins fort et qu'il n'en vaut pas moins, encore qu'il en soit enlaidi.

Item, il lui semble que les piliers des coursières des hautes voies sont abîmés et dépourvus de joints, et que l'eau coule le long des murs.

Item, en plusieurs lieux, à savoir aux jointures des galeries, l'eau coule le long des murs; il faut y remédier.

Item, il faut apporter des réparations aux quatre naves du clocher, à savoir aux jointures au-dessus des arcs-boutants; il y a là de très grands défauts auxquels il faut remédier.

Ledit maître est entièrement à votre disposition pour être votre ouvrier, si le besoin s'en fait sentir.

Publié par Arbois de Jubainville, in *Bibliothèque de l'Ecole des Chartes*, 1862, adaptation H. P.

Marché relatif à la construction de deux travées de voûtes à l'abbatiale Saint-Ouen de Rouen («Archives du tabellionage de Rouen», 1396)

La précision de ce marché de construction de deux voûtes n'a rien d'exceptionnel.

Du dimanche vingt-sixième jour de novembre 1396.

Marché fait entre les religieux, abbé et couvent de Saint-Ouen de Rouen, d'une part, et Thomas et Raoulin dits Gagnet, frères, et Thomas Hue et Pierre du Bosc, maçons, d'autre part, pour le prix et la somme de cent trente livres tournois, en vue de réaliser l'ouvrage qui suit, à savoir :

Pour placer les pouchons, les cintres de deux clés, les branches de deux croisées et un arc-doubleau au milieu, d'ores et déjà taillés; quand lesdits cintres auront servi pour une clef, ils les replaceront à l'autre. *Item*, ils feront leur échafaudage sur les tréteaux qui vont avec le plancher et les souglaches placées sur ledit plancher, et on leur trouvera des échafauds de bois, des planches, des claies, des chaînes et des cordes. *Item*, quand ils auront placé une clé, les branches et les quartiers pendants, et que la croisée sera prête, ils placeront de l'autre côté les tréteaux susdits pour installer l'autre clé. *Item*, ils placeront et fixeront les deux clés susdites, les branches des deux croisées et un arc-doubleau au milieu sur le puis du moutier. *Item*, on leur trouvera des ogives et des arcs-doubleaux déjà taillés

Les voûtes ont résisté au bombardement malgré l'incendie de la charpente et la fonte de la couverture en plomb.

pour mettre audit ouvrage; s'il n'y en a pas assez de taillés ils en tailleront pour les utiliser audit ouvrage; et, s'il y en a plus qu'il ne faut, ceux qui seront en trop demeureront à l'autre œuvre pour l'autre ouvrage. *Item*, ils auront le pendant taillé qui est dans la remise, et ils tailleront le surplus nécessaire au parachèvement desdites croisées et desdits quartiers. *Item*, ils pendanteront lesdits quartiers et placeront et feront placer les cintres des quartiers susdits; on leur procurera le bois, les ais ou les planches convenant à cette fin. *Item*, ils se feront servir de toutes choses pour ledit ouvrage, de telle sorte qu'on leur procurera un cheval et le harnais qui sera nécessaire audit cheval pour décharger les choses susdites, ainsi que le câble, la corde et les poulies qu'il leur faudra pour ledit ouvrage. *Item*, on leur procurera du mortier qui convienne à ce travail. *Item*, on leur procurera du plâtre, qui sera pris par eux dans la plâtrerie, pour ledit ouvrage. *Item*, on leur procurera une cuve pour le décharger et mettre de l'eau. *Item*, on leur procurera deux baquets pour mettre leur mortier. *Item*, on leur procurera un billot, des claies et des chevilles, qui seront pris par eux dans la maçonnerie. *Item*, de manière générale, ils seront tenus de parachever lesdites croisées et clés, ledit arc-doubleau, fixés, pendants, apprêtés par dessous et couverts par-dessus d'une bonne coutelle, le tout dans les formes et de la manière susdites, correctement et loyalement, comme il convient, de l'avis de maître Jehan de Bayeux et d'autres personnes compétentes; il auront, pour chaque maçon, une chopine de vin par jour, aussi longtemps que durera l'ouvrage, et ils prendront des aides pour faire avancer ledit ouvrage, aussi souvent qu'ils en seront requis. *Item*, Guillaume Doré l'aîné travaillera audit ouvrage en recevant pour ses journées de travail la somme susdite; ils commenceront ledit ouvrage lundi prochain, et continueront jour après jour jusqu'à ce que ledit ouvrage soit terminé; lesdits maçons, ensemble et chacun pour l'ensemble, ont promis de faire et de mener à bien lesdits ouvrages jour après jour, correctement et comme il se doit, jusqu'à ce qu'ils soient terminés, ainsi qu'il est dit et devisé ci-dessus; ont donné en garantie des biens, etc.; ont juré, etc.

Publié par Beaurepaire, in *Les Amis des monuments rouennais*, 1902, adaptation H. P.

Prix fait de la reconstruction du chœur et du clocher de l'église paroissiale de Saint-Julien-des-Chazes («Spicilegium Brivatense», 1463)

On retrouve la même précision au moment de la rédaction du «prix fait».

Note que, personnellement établis, noble, vénérable et religieuse dame Mme Marie de Langhac, abbesse du monastère des Chazes, noble Pierre Bertrand, Pierre Eyrauld, Pierre Jaubert, Jehan Prulhac, Pons Moli, Pierre Pomier *alias* Bosredont et Jehan du Mas *alias* Bayssaire, habitants des Chazes, de bon gré, etc., ont désigné, à prix fait, Jacme Combret, maçon, fils de Pierre Combret, habitant de Montès, de la paroisse de Saint-Julien-des-Chazes, présent et requis pour ce faire, pour accomplir ce qui suit, de la manière décrite ci-dessous :

En premier lieu, faire bâtir et édifier la palme du clocher de l'église paroissiale de Saint-Julien-des-Chazes, de haut en bas.

2. Le mur de ladite palme doit avoir, depuis les fondations jusqu'aux absides,

trois pieds d'épaisseur, elle doit avoir trois brasses et demie de large, et elle sera à trois absides, deux grandes et une petite, larges et hautes autant qu'il le faudra.

3. Il doit construire la chœur de ladite église en creux; ledit chœur aura une longueur de trois brasses et demie, ou à peu près, à six branches, et quatre piles à l'extérieur, non comprises les deux du clocher, de trois pieds de large.

4. Il doit bâtir le mur dudit chœur, avec deux ou trois assises de pierre bouldreyre et le reste en pierre de taille; les murs entre les piles seront en pierre bouldreyre; ledit mur aura deux pieds et demi de large, et ledit chœur quatre brasses de haut à l'intérieur.

5. Il fera deux fenêtres en vitraux dans ledit chœur, de taille proportionnée à la taille du chœur, et une petite fenêtre vitrée derrière l'autel, haute d'un pied et demi.

6. Il doit faire une petite armoire dans ledit chœur, derrière l'autel, haut de trois pieds et large de deux.

7. Ledit maçon doit extraire de la carrière la pierre de taille qui sera nécessaire à ladite construction, et les habitants de ladite paroisse de Saint-Julien l'aideront dans les travaux utiles à l'extraction de ladite pierre.

8. Ledit maçon doit faire les bacs à plâtre de ladite construction, et lesdits habitants de ladite paroisse lui fourniront le bois.

9. Lesdits habitants doivent lui apporter sur place et lui fournir la pierre, la chaux, le gravier; ils doivent faire le mortier et tous les travaux de manœuvres.

10. A la fin dudit ouvrage, les bacs à plâtre resteront auxdits paroissiens, et les déblais resteront audit Jacme Combret, à moins qu'ils ne soient de nature à servir de nouveau audit ouvrage.

Publié par Fagniez,
in *Etudes sur l'industrie*…
(cf. Bibliographie), adaptation H. P.

La façade de la cathédrale de Reims, avant la Première Guerre mondiale.

Les engins

Les textes concernant la fabrication des machines sont moins abondants que ceux qui touchent à l'architecture. La précision de ces deux actes notariaux est révélatrice d'une méfiance chez le maître d'ouvrage, pleinement justifiée dans le cas de la construction d'une grue.

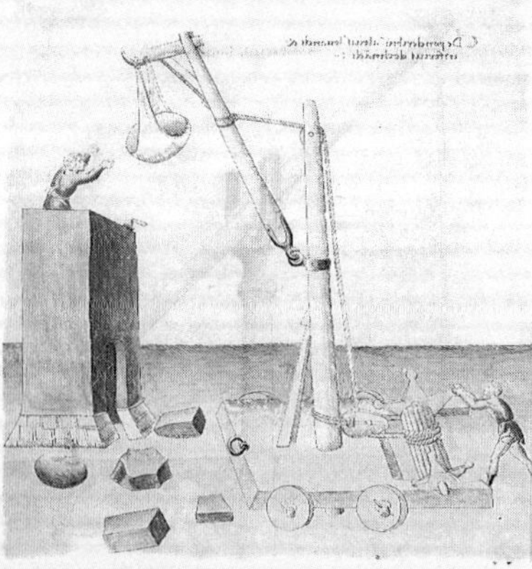

Inspirée d'une machine de guerre, une grue de construction de Mariano Taccola, «ingénieur» siennois du XVe siècle.

Construction d'une grue à Arles (minutes notariales, 1459)

L'année indiquée ci-dessus [1459], le septième jour du mois de juin. Il est notifié à tous, etc. :

Que le Révérend Maître Alziarius Bartholomei, maître en théologie, vénérable Prieur du couvent des Frères Prêcheurs d'Arles, a fait paiement et versement à maître Guyot Perissis, marchand de bois d'œuvre, résidant à Arles, ici présent etc., pour fabriquer de neuf et construire, en bon bois d'œuvre, neuf et approprié, une bonne et convenable grue capable de porter et de supporter un poids de cent quintaux d'Arles, en vue d'édifier la nouvelle église que ledit couvent fait bâtir et construire à la louange et en l'honneur de Dieu et de la glorieuse Vierge Marie de Confort, commencée sur le flanc ou à côté de l'église dudit couvent, et pour élever les pierres et autres matériaux nécessaires à la construction de cette église, avec et sous les clauses rédigées ci-dessous.

Et premièrement, que ledit maître Guyot est tenu et obligé de bien et dûment bâtir et construire ladite grue, de la faire assembler et placer sur le site de ladite église, pendant toute la durée du présent mois de juin, et de la faire d'une hauteur de huit cannes, de telle manière qu'elle puisse être utilisée à l'intérieur et à l'extérieur; que ledit seigneur Prieur doit faire entretenir et nettoyer à ses frais et dépens le site où ladite grue sera installée.

Il a été également convenu que ledit seigneur Prieur doit avoir, aux frais et dépens de son couvent, toutes les ferrures nécessaires à ladite grue, et faire effectuer, aux dépens dudit couvent, toutes les réparations nécessaires à ces mêmes ferrures.

Il a été également convenu que ledit seigneur Prieur ou son couvent doivent donner en paiement audit maître Guyot, pour ladite grue telle qu'il promet de la fabriquer, aussi bien pour le bois d'œuvre que pour son travail, quarante-huit florins, à savoir sur le champ deux florins à titre d'arrhes et de versement, et les quarante-six florins restants à verser en outre dans un délai de quinze jours, une fois ladite grue fabriquée et essayée [*probatam*], qu'elle convienne ou non [*si fuerit sufficiens*], à partir du jour où elle aura été installée à son emplacement, lesquels deux florins à titre d'arrhes et de versement, à valoir en déduction desdits quarante-huit florins, ledit maître Guyot a reconnu détenir et avoir reçu dudit Seigneur Prieur, à toute exception etc.

[...] Fait à Arles dans ledit couvent, dans l'aile du cloître voisine du bâtiment de la bibliothèque, en présence des témoins : Pierre Jacquin, batelier, maître Byon Alvernhas, maçon, citoyens d'Arles et y résidant, et moi, Bernard Pangonis, notaire etc.

* * *

L'année indiquée ci-dessus, le douzième jour du mois d'octobre. Il est notifié à tous que le distingué Jean Galle, marchand de Valence, résidant actuellement à Avignon, à titre gracieux etc. a reconnu détenir et avoir effectivement reçu dudit seigneur Prieur ici présent etc. quarante florins restants sur les quarante-huit florins dûs, incluant quinze florins dépensés et versés par lui pour réparer ladite grue, selon le montant d'une somme arbitrale fixée en raison du fait que ladite grue n'était pas conforme au contrat par lequel il s'était engagé envers ledit seigneur Prieur du couvent; il a renoncé au contrat etc. avec engagement de tous ses biens. Il a compté etc. Il a prêté serment etc. [...]

Fait dans le cloître dudit couvent, devant le bâtiment du chapitre, en présence des témoins : Jacques Chavassii, Matthieu Bernardi, bourrelier, résidant à Arles, et moi, ledit notaire etc.

Publié par B. Montagnes, *Architecture dominicaine en Provence*, Paris, C.N.R.S., 1979, trad. P. M.

De Taccola également, une grue (louve) qu'il emprunte à son ami Brunelleschi.

Les Pierres sauvages

Dans son roman, Les Pierres sauvages *(Le Seuil, 1964), l'architecte Fernand Pouillon (1912-1986) prête sa plume à un moine cistercien, maître d'œuvre de l'abbaye du Thoronet, dans le Var, qui relate l'élaboration du projet et l'organisation du chantier. Pouillon montre bien la nécessité pour l'architecte du XIIe siècle – comme pour celui du XXe siècle – de dessiner le projet qui l'habite, autant pour convaincre l'abbé-maître d'ouvrage que pour transmettre au chantier des informations précises. Les extraits choisis ici illustrent ce thème souvent oublié.*

La galerie du cloître de l'abbaye du Thoronet (ci-contre), comme l'ensemble du monastère, a été construite avec des pierres remarquablement taillées dans un matériau difficile, et dont les joints atteignent la perfection.

Saint Fulbert, dixième jour d'avril

Le plan, dessin à deux dimensions, ne doit pas se juger : image représentative d'une incomplète synthèse, il est l'itinéraire d'une promenade imaginaire. Créer, sans déterminer simultanément la hauteur et l'épaisseur, sans définir jusqu'au moindre détail élémentaire au tout, est impossible. Pas d'architecture sans l'évocation de la quatrième dimension, la trajectoire : perception de l'édifice dynamique. […] Il nous appartient, à nous maîtres d'œuvre, de créer ce qui est préalable, de précéder l'image, de vivre dans le plan, de nous y installer, d'y transporter notre lit, de renverser les murs, de remuer les blocs le plus pesants, de défier l'équilibre et la pesanteur, de prévoir les rotations, les retournements, la vitesse des images et l'immobilité relative.

[…]

Saint Norbert, sixième jour de juin

Les cathédrales de nos grands maîtres, dentelles de pierres aux immenses clochers, les monastères aux magnifiques sculptures, aux baies immenses, rutilantes de gemmes aux dessins colorés sont, évidemment, édifices de luxe. […] Ce qui est bon pour un cistercien ne l'est pas pour le siècle ou les séculiers. […]

Saint Jean le Baptiste, vingt-quatrième jour de juin

[…] Toute ma vie je fus plus maçon que moine, plus architecte que chrétien. S'il y alla de ma faute, je dois dire aussi que l'Ordre m'y encouragea. Je dus, le plus souvent, obéir sans obtenir jamais le moindre répit, passant d'Allemagne en Bourgogne, de Bretagne en Aquitaine, toujours négociant pour le service de notre Ordre. Les abbayes de Cîteaux furent les miennes. […]

Sainte Anne, vingt-sixième jour de juillet

[…] Oui, mais je vais te dire : pour bâtir une ville, il faut des plans et des hommes solides pour les concevoir. Les matériaux ce n'est pas tout. […]

Sainte Sabine, troisième jour de septembre

[…] C'est pourtant vrai, je dessine peu au cours d'une étude; à peine si je fais, sur le coin de ma table, quelques minuscules tracés que j'efface aussitôt. Je préfère que la forme surgisse en moi par visions successives, qui se fixent, s'impressionnent, s'accumulent au fond de mes yeux. Dans ce travail, lent et difficile, je parle, je marche, je dors, je rêve et je prolonge dans la vie courante l'hypnose provoquée par l'acuité, la dominance de l'œuvre en cours. Le jour venu, penché sur ma table, je dessine l'essentiel de ce monde imaginaire. Il semble certain que les musiciens agissent ainsi : pour écrire ils doivent attendre sans doute que la composition chante en eux. […] Architecte et maître d'œuvre ne sont pas de simples appellations, mais bien des fonctions définies et absolues. Les formes, les volumes, les poids, les résistances, les poussées, les flèches, l'équilibre, le mouvement, les lignes, les charges et les surcharges, l'humidité, la sécheresse, la chaleur et le froid, les sons, la lumière, l'ombre et la pénombre, les sens, la terre, l'eau et l'air, enfin tous les matériaux sont, tous et toutes, contenus dans la fonction souveraine, dans l'unique cerveau de l'homme ordinaire qui bâtit. […]

Nativité, huitième jour de septembre

Est-ce dû à toutes les réflexions de ces derniers mois, ou à la médiocrité de mes tracés? Je ne le sais encore pas, mais je dessine et mets en place avec facilité : l'église, l'abside, accompagnée des quatre absidioles en cul de four. Puis la sacristie et, autour du cloître, dans l'ordre imposé, la bibliothèque, la salle capitulaire, l'escalier du dortoir, le passage du parloir, la salle des moines et le chauffoir, le réfectoire, la cuisine, enfin le cellier et le dortoir des convers qui ferment le cloître à l'occident […]. Ces formes, qui m'ont jadis inspiré crainte et respect, sortent naturellement de mes quatre instruments. […] Je me promène calmement, sans inquiétude dans ce plan, dans ces coupes. Je longe les façades comme si j'avais toujours habité là. Où sont mes idées abstraites, mon monde de rêves et d'hallucination? Alors qu'il est si facile de composer en simple maître d'œuvre d'un ordre sévère, qui n'admettra ni faiblesse, ni mensonge, ni changement dans le programme […]. Ma journée s'est passée à dessiner comme un brave moine maçon et maître d'œuvre.

La restauration de la tour sud-ouest de la cathédrale Notre-Dame de Paris, 1992-1993

Les cathédrales sont périssables, pollution et intempéries s'emploient lentement à les dégrader. Les Monuments historiques ont pour mission de les restaurer et de les entretenir; ils doivent alors faire appel à des compagnons qui ont conservé les mêmes techniques que ceux du Moyen Age en même temps qu'ils ont recours aux technologies de pointes dans leurs diagnostics.

Ci-contre, en grisé, les pierres remplacées par Viollet-le-Duc entre 1847 et 1850. A droite, un contrefort de la tour avant et pendant la restauration de 1992-1993.

Le diagnostic et les causes des dégradations

Depuis la dernière grande campagne de travaux menée sous l'autorité de Lassus et de Viollet-le-Duc de 1844 à 1864, un constant entretien a été réalisé par le Service des Monuments historiques. Malgré cette précaution, les altérations des maçonneries, en particulier pour les parties les plus exposées aux intempéries, sont aujourd'hui si prononcées qu'il est apparu nécessaire d'ouvrir à nouveau une campagne de restauration générale. Celle-ci doit s'étaler sur une dizaine d'années.

Outre la pollution de l'atmosphère urbaine, l'isolement de l'édifice pratiqué au XIXe siècle, notamment du côté de l'occident et du midi, a contribué à l'usure rapide des maçonneries soumises aux effets des vents dominants qu'aucun obstacle ne vient freiner. Il est intéressant de constater que les altérations concernent aussi bien les restaurations de Viollet-le-Duc que les éléments de maçonnerie plus anciennes non touchées par ce dernier.

Quelles pierres choisir? Quelles techniques employer?

Le choix de la pierre de remplacement a fait l'objet d'une recherche attentive et de nombreux examens et analyses faits en laboratoire. La principale difficulté a résulté dans le choix d'une pierre compatible avec le matériau mis en œuvre tant sur le plan de l'aspect et de la coloration que dans le domaine de ses caractéristiques physiques et mécaniques. A cette difficulté s'est ajouté le fait qu'au XIXe siècle les carrières, d'où avaient été extraites les pierres qui ont servi à la construction de la cathédrale, n'étant plus exploitables, onze types différents de pierres avaient été alors utilisés par les entrepreneurs travaillant sous la direction de Viollet-le-Duc.

Pour la reprise même des maçonneries altérées, seules les techniques traditionnelles ont été employées. L'implantation sur le site lui-même d'un atelier de taille de pierre a offert aux exécutants le précieux avantage de pouvoir, à chaque instant, se référer aux dispositions en place, de les suivre au plus près et de réaliser une fidèle restauration. Cette fidélité aurait été beaucoup plus difficile à respecter si les tailleurs de pierre avaient œuvré dans une taillerie éloignée du monument et n'ayant d'autres contacts avec l'œuvre à restaurer que les seuls tracés et épures fournis par l'appareilleur.

Outre la reprise en sous-œuvre des pierres de parement désagrégées, en particulier autour des joints où la perte de matière est spectaculaire, il a été nécessaire de prévoir la restauration de nombreux éléments de balustrade posés en délit ainsi que les glacis et les pinacles et crochets décorant les piédroits des grandes baies de la chambre des cloches. Les sculptures et gargouilles ont fait l'objet de consolidation et ont été complétées par la restitution des seules parties manquantes, définies à partir des attachements et dessins de Viollet-le-Duc conservés.

Le coût d'une telle restauration

Le chantier, commencé au début de l'année 1992, s'est achevé à l'été 1993. Il a représenté une dépense de quinze millions de francs. Dans le souci de préserver au maximum l'authenticité de l'édifice, seules les pierres hors d'usage ont été changées. 200 m^3 de pierre provenant des carrières de Saint-Pierre Aigle et de Tranloy du bassin parisien ont été mis en œuvre.

La prochaine étape de la restauration touchera la façade occidentale de la cathédrale, en 1993-1994.

Bernard Fonquernie,
architecte en chef, inspecteur général
des Monuments historiques

L'entreprise Quelin a été chargée de la restauration, principalement de la taille de la pierre et de sa mise en œuvre, sous la conduite de l'architecte en chef des Monuments historiques.

BIBLIOGRAPHIE

Sur la ville

Un ouvrage de référence.

– Georges Duby (sous la direction de), *Histoire de la France urbaine*, tome I, «La Ville antique des origines au IXe siècle», Le Seuil, Paris, 1980.

– Georges Duby (sous la direction de), *Histoire de la France urbaine*, tome II, «La Ville médiévale des Carolingiens à la Renaissance», Le Seuil, Paris, 1980.

Sur la fabrique

L'analyse de la fabrique est rendue délicate en raison de la relative pauvreté des documents, de la diversité des institutions regroupées sous cette appellation, et de leur chronologie.

– Alain Erlande-Brandenburg, *La Cathédrale*, Fayard, Paris, 1989 (sur la fabrique en général : pp. 275-290).

– Barbara Schock-Werner, «L'Œuvre Notre-Dame, histoire et organisation de la fabrique de la cathédrale de Strasbourg», in *Les Bâtisseurs des cathédrales gothiques*, catalogue de l'exposition, Strasbourg, 1989 (pp. 133-138).

Sur la technique

La période moderne s'est davantage intéressée à l'histoire des sciences qu'à celle des techniques, d'où le retard que cette dernière manifeste.

– Bertrand Gille, «Le Moyen Age en Occident (Ve siècle-1350)», in *Histoire générale des techniques*, tome I et tome II, P.U.F., Paris, 1962 et 1965 (pp. 425-597 et pp. 1-139).

– Bertrand Gille, *Les Ingénieurs du Moyen Age et de la Renaissance*, Paris, 1964.

– Jean Gimpel, *La Révolution industrielle du Moyen Age*, Le Seuil, collection «Points Histoire», Paris, 1975.

Sur Villard de Honnecourt

Depuis la découverte des manuscrits de Villard de Honnecourt (XIIIe siècle), conservés à la Bibliothèque nationale à Paris, de très nombreuses études lui ont été consacrées. Les recherches actuelles tendent à montrer qu'il n'était pas architecte.

– H. Hahnloser, *Villard de Honnecourt*, deuxième édition, Graz, 1973.

– *Carnets de Villard de Honnecourt, XIIIe siècle*, Stock, Paris, 1986.

– Roland Bechmann, *Villard de Honnecourt, la pensée technique au XIIIe siècle et sa communication*, Picard, Paris, 1991.

Sur le chantier

Les études concernant le chantier et son organisation sont postérieures à la Seconde Guerre mondiale. La question est à peine défrichée ;de nombreux documents d'archives apporteront sur la question les réponses qui font actuellement défaut. Quelques ouvrages anciens publient des documents.

– G. Fagniez, *Etudes sur l'industrie et la classe industrielle à Paris au XIIIe et au XIVe siècles*, Paris, 1877.

– V. Mortet, *Recueil de textes relatifs à l'histoire de l'architecture… XIe-XIIe siècles*, Paris, 1911.

– V. Mortet et P. Deschamps, *Recueil de textes relatifs à l'histoire de l'architecture… XIIe-XIIIe siècles*, Paris, 1929.

– D. Knoop et G.-P. Jones, *The Medieval Mason*, troisième édition, Manchester, 1967.

Des études de synthèse

– M. Aubert, «La Construction au Moyen Age», in *Bulletin monumental*, 1960 et 1961.

– Roland Recht, «Dessins d'architecture pour la cathédrale de Strasbourg», in *L'Œil*, 1969 (pp. 26-33 et 44).

– P. Du Colombier, *Les Chantiers des cathédrales*, Picard, Paris, 1973.

– D. Kimpel, «Le Développement de la taille en série dans l'architecture médiévale…», in *Bulletin monumental*, 1977 (pp. 195-222).

– Jean Gimpel, *Les Bâtisseurs de cathédrales*, Le Seuil, Paris, 1980.

– Xavier Barral i Altet (éditeur), *Artistes, artisans et production artistique au Moyen Age*, trois volumes, Picard, Paris, 1986-1989.

– Roland Recht (sous la direction de), *Les Bâtisseurs des cathédrales gothiques*, exposition et catalogue, Strasbourg, 1989.

– Nicola Goldstream, *Les Maçons et les sculpteurs*, Brepols, collection «Les Artisans au Moyen Age», 1992.

Des points particuliers

– G. Fournier, *Le Château dans la France médiévale*, Aubier, Paris, 1978.

– Jean Mesqui, *Le Pont en France avant le temps des ingénieurs*, Picard, Paris, 1986.

– Léon Pressouyre, *Le Rêve cistercien*, Découvertes Gallimard, Paris, 1990.

Une monographie exemplaire

– G. Durand, *Monographie de l'église Notre-Dame, cathédrale d'Amiens*, deux tomes et un volume de planches, Amiens-Paris, 1901-1903.

Dans «L'Univers des formes»

– *Le Monde gothique*, tomes I, II et III (tome IV en préparation), Gallimard, Paris, 1987-1988-1989.

TABLE DES ILLUSTRATIONS

COUVERTURE

OUVERTURE

CHAPITRE I

CHAPITRE II

CHAPITRE III

CHAPITRE IV

TÉMOIGNAGES ET DOCUMENTS

INDEX

A - B

C - D

E - F

G - H - I - J

CRÉDITS PHOTOGRAPHIQUES

Jean-Pierre Adam 105, 151. Aerofilms Ltd, Londres 59. Akademie der Bildenden Künste, Vienne 132, 133. Archives municipales de Strasbourg/E. Laemmel 40, 75d. Baumgardt Grossfotos/Stuttgart 121. Bayerische Staatsbibliothek, Munich 103, 122. Bibliothèque municipale, Chartres 45. Bibliothèque municipale, Dijôn 50b. Bibliothèque municipale, Rouen 21. Bibliothèque nationale et universitaire, Strasbourg 120/121, 137. Bibliothèque royale Albert Ier, Bruxelles 4e plat, 42h, 127, 138. Bildarchiv Preußischer Kulturbesitz, Berlin 88. Bibliothèque nationale, Paris dos, 14/15, 18b, 19, 23, 25, 28, 30/31, 34, 34/35, 58h, 68/69, 83, 84, 84/85, 86, 87d, 90, 97, 98, 102, 115, 118, 119h, 119b, 120, 126/127, 131, 140, 162, 163. Bodleian Library, Oxford 44. British Library, Londres 38, 38/39, 42b, 71, 91, 104b, 107, 114/115, 142, 144. Burgerbibliothek, Berne 110/113, 143. J.-L. Charmet, Paris 106d. C.N.M.H.S./© Spadem 1993, Paris 102/103, 158, 159; B. Acloque 62/63; E. Revault 99, 164; Caroline Rose 116; Jean Feuillie 68, 96b. Conway Library/Courtauld Institute of Art, Londres, avec l'autorisation de Canon M. H. Ridgway 92d, 148. Conway Library/Courtauld Institute of Art, Londres 20/21. DIAF, Paris/B. Régent 64d; H. Gyssels et J.C. Pratt-D. Pries 48/49; H. Gyssels 46/47; J. Ch. Pratt-D. Pries, 56, 61d; J. P. Langeland 41. Droits réservés 14, 16/17, 26/27, 31, 35, 39, 61g, 64g, 65, 66g, 67h, 67b, 78h, 80, 85, 87g, 94, 96h, 101g, 106g, 117, 129, 135, 136, 161, 166, 167. E. Fievet, Chartres 69. Philippe Fix 124/125. Gallimard 32g, 33d, 33g, 47. Gallimard/Belzeaux 54. Gallimard/Christian Kempf 1 à 9, 70. Gallimard/Erich Lessing 57, 82, 152, 157. Gallimard/François Delebecque 46g, 60. Gallimard/Jean Bernard 28/29, 43, 52g, 55. Gallimard/Patrick Horvais 78b. Gallimard/Patrick Mérienne 18h. Germanisches National Museum, Nuremberg 73b, 50h, 51, 101d, 104h. Gesamthochschul-Bibliothek, Kassel 1er plat, 100. Giraudon, Paris 22/23. Julia Hedgecoe, Cambridge 89. Ch. Hémon/Musées départementaux de Loire-Atlantique/Musée Dobrée, Nantes 58b. A. F. Kersting, Londres 92g, 93, 95, 123g, 155. Magnum/Erich Lessing, Paris 30, 66d. Jean Mesqui 22, 24/25b. Musée des Augustins, Toulouse 74. Musée des Beaux-Arts, Rouen 72. Musée royal des Beaux-Arts, Anvers 32d. Musées de la ville de Strasbourg 75g, 76/77. National Library of Scotland, Edimbourg 141. Royal Commission on the Ancient and Historical Monuments of Scotland, Edimbourg 79. Oronoz, Madrid 52d, 53. Österreichische Nationalbibliothek, Vienne 12, 108/109, 130. J. Philippot/Inventaire général, Châlons-sur-Marne 36/37. Photothèque des Musées de la Ville de Paris/© Spadem 1993 24/25h. Royal Commission on Historical Monuments, Londres 81. C. Seltrecht/Bibliothèque de l'Abbaye de Saint-Gall 13. Stadt Regensburg Museen, Ratisbonne 73h. The J. Paul Getty Museum, Malibu 11, 123d. The Pierpont Morgan Library, New York 128. Trinity College Library, Cambridge 26.

COLLABORATEURS ET REMERCIEMENTS

Vincent Lever a réalisé la maquette de cet ouvrage. Suzanne Bosman a contribué, à Londres, à la recherche iconographique.
Les Editions Gallimard remercient François Avril et Jean-Pierre Aniel, du Département des manuscrits de la Bibliothèque nationale, pour leur aide précieuse, ainsi que Jean-Pierre Adam et Jean Mesqui pour le prêt de documents.

Table des matières